新生态·新生长

工程勘察设计行业
管理与变革

祝波善　著

中国建筑工业出版社

图书在版编目（CIP）数据

新生态·新生长：工程勘察设计行业管理与变革/祝波善著.
—北京：中国建筑工业出版社，2020.7（2021.6重印）
ISBN 978-7-112-25160-5

Ⅰ.①新…　Ⅱ.①祝…　Ⅲ.①建筑设计－行业管理－研
究－中国　Ⅳ.①F426.9

中国版本图书馆CIP数据核字（2020）第082698号

责任编辑：刘丹　陆新之
书籍设计：锋尚设计
责任校对：李美娜

新生态·新生长　工程勘察设计行业管理与变革
祝波善　著
*
中国建筑工业出版社出版、发行（北京海淀三里河路9号）
各地新华书店、建筑书店经销
北京锋尚制版有限公司制版
北京市密东印刷有限公司印刷
*
开本：787×1092毫米　1/16　印张：9　字数：124千字
2020年8月第一版　　2021年6月第二次印刷
定价：48.00元
ISBN 978-7-112-25160-5
（35921）

关于

新 生 态 · 新 生 长

本书

2015 年 12 月，笔者撰写的《大设计·新生态——纵论工程勘察设计行业发展》出版，与行业内人员分享经济新常态下，对于工程勘察设计行业发展的所思所想，传播行业应对新环境的转型发展思维与路径。在该书中详细阐述了"大设计·新生态"的发展理念，备受行业内从业人员关注。

时隔多年，随着新一代科学技术颠覆应用、跨界融合的创新兴起，新技术、新模式正在深刻改变着人类生产、生活方式，在不断市场化、立体化、数字化演进的新型商业生态中，工程勘察设计行业面临着新一轮的价值创造逻辑、竞争格局、商业生态关系等多维度的挑战。为此，笔者根据行业发展新的特征、新的环境，重新梳理了工程勘察设计行业在新的经济时代的发展特征与探索，并结合多年企业管理咨询实践，进一步提出未来行业内企业适应商业新生态下的管理趋势以及推进企业创新发展下的变革路径，试图从行动力方面给予企业指引，以帮助企业有机进化，实现新一轮成长。

本书共由四个部分组成，既能客观反映出行业发展面临的新的商业生态环境，也提出了应对新的环境，行业内企业在业务模式、管理模式上的趋势特征，以及相应的变革策略。

第一部分，主要分析了工程勘察设计行业近年来面临的新的环境变化，以及相关变化对于行业发展的影响，提出行业在新时期面临的问题与困惑，试图从源头分析行业如何更好地应对未来变化。

第二部分，提出面对复杂多变的环境，数字经济、互联网经济兴起带来的传统市场被颠覆。价值新主张下，重新认识客户及其价值需求、重新思考服务内容及模式的创新、重新思考支撑业务的资源整合方式，并提出企业如何构建新的发展商业生态，通过商业模式创新、业务模式创新建立行业发展新动能，寻找新的价值创造之路。

第三部分，主要提出应对新的价值创造逻辑，应对商业新生态带来的发展新场景，企业如何从产品化思维与能力的打造、管理逻辑的创新、发展战略思维的重构来重塑发展的动力，构建适应行业内企业商业模式创新需要的组织体系以及战略管理体系。

第四部分，主要从变革转型实践的角度，提出行业变革转型的内涵以及系统变革的工作逻辑，明确变革转型的路径，为行业内企业树立正确的变革转型认知，以更好地推进企业变革，实现转型升级。

本书中所引用的数据资料主要来源于《中国工程勘察设计 50 年》（第一卷）、住房和城乡建设部建筑市场监管司发布的十年来全国工程勘察设计行业统计汇编、天强管理顾问发起的季度以及年度行业发展调研。书中涉及的案例主要基于上市企业历年财务报表、外部调研获取信息及天强管理顾问近三年来咨询项目资料整理而成。

本书中部分观点也已发布在"思翔工程设计洞察""思翔公社"微信公众号，敬请关注以获取更多详细信息。

| 天强管理顾问 | 思翔工程设计洞察 | 思翔公社 |

前言

新 生 态 · 新 生 长

巨变的时代是孕育希望还是陷入绝望？

长期以来，由于国家固定资产投资的高速增长、行业管理下的条块分割，绝大多数设计单位在过去的十余年间实现了快速的增长。在这种高速增长的背景下，也在一定程度上掩盖了很多的深层次问题。具体而言，设计行业技术创新、管理创新、业务创新没有与业绩的增长相匹配。增长动因更多的是外部的机会驱动，而非内部的创新驱动。相应地，设计行业的业务规模不断扩大的同时，伴随的不是行业地位的提升，反而是设计单位在供需关系中的定位越来越弱势、在产业链中的地位越来越下滑。

随着国家对于设计行业监管思路的市场化倾向越来越明晰，再加上互联网、数字经济的发展带来的冲击，尤其是投资体制改变带来的资本力量对工程建设产业链的深入影响，设计行业的格局势必会产生巨大的变化。这种变化，对于设计行业而言，到底是进一步地位下滑、设计将沦为工具，还是可以逆袭成为某种更有产业主导性、价值创造明晰的有生力量？

冷静思考一下：过去的普遍式、快速增长，在营业规模、人员规模等方面实行了快速提升，但是否值得留恋？我们不妨勾勒一下传统模式下设计单位发展的状况：在交易双方中的地位节节下滑；通过资质壁垒、市场区隔保障自身的利益；通过价格战、关系运作取得项目，常常陷入低价竞争；通过类承包制模式保证产能，做大但不能做强，面对市场波动缺乏风险抵抗能力；设计师广泛沦为画图匠，设计人才招聘越来越难；通过挂靠实现规模快速扩张……

如今，周期性调整、结构性调整如期而至，大部分设计单位出现价值增长乏力，甚至增速下滑，多数企业家陷入了迷茫、焦虑中，发展过程中面临着越来越多的不确定性，失去了清晰的路径指引，但是真的"末日"来临了吗？实际上，这恰恰可能是真正的价值服务年代的到来。当下我们处于从上一个稳定状态到下一个稳定状态的过渡期，不可避免会遇到阵痛期带来的种种问题。但是不可否认的是，阵痛期过后往往迎接的是新的发展周期，属于行业的真正的创新年代来临！真正的优胜劣汰来临！真正靠竞争力发展的年代来临！

跨界"打劫"还是跨界融合？

在互联网、资本的力量之下，工程建设的产业链将重新组合，在工程全生命周期中定位自身的服务与价值成为必须思考的命题。否则设计单位将会在互联网、数字化、智能化等信息技术手段的冲击下难以招架，在具体项目中将会被资本深深"绑架"，在跨界融合中，处于非常被动的角色。

设计单位的传统思维本质上是一种封闭的、静态的行业思维，主要体现为：以项目的经营运作为主线的任务导向性工作逻辑；以经营责任纵向分解为主要特征的管控激励逻辑；以两端延伸、横向拓展为主的业务扩展逻辑。在新的发展环境下，这些路径依赖的思维与逻辑往往会阻滞自身的真正突破与跃升。因为当前面临的市场环境发生了根本性的变化，面临新的问题与新的商业生态，用原有的思维去解释新的问题与矛盾，往往会陷入"因果逻辑"的死循环中。

设计行业从过去条块分割的市场走向融合交融的市场，从过去的资质、市场关系等外部要素竞争走向自身的核心竞争力构建。新兴信息技术的兴起，客户需求发生变化，以解决问题为导向的集成化、一体化服务要求大大强化。行业的边界打破、市场竞争格局重构，思考视角需要从行业到产业、从关注行业内企业到关注行业外的企业，立足于整个商业生态来谋划企业的发展。面对开放商业生态下的跨界格局，企业要明确界定自身在整个价值链中的定位，从而区分跨界者是敌是友。

现今，大多数的设计单位都在思考新型城镇化带来的业务机会。2015年中央城市工作会议召开，强调要统筹规划、建设、管理三大环节，提高城市工作的系统性，其中就存在着产业化服务、全生命周期服务的巨大需求与机遇。

聚焦城市发展的设计环节是设计企业传统的发展路径，在新的服务方式下，设计单位要转变服务理念，承担起更大的社会责任，在创造社会价值的同时实现自身的企业价值。设计单位需要从环保低碳的角度为城市的可持续发展考虑，从挖掘特色的角度为城市文化的传承和弘扬作贡献。

未来城市建设与管理的核心要点是围绕绿色、智能、可持续、创新等方面打造绿色城市和智慧城市，提升城市治理体系，推进城市产业结构优化，促进城市多要素流动，从应对城市问题到创造城市价值。只是我们在盲目扩张的过程中，忽略了本最该坚守的东西，而看不到长远的发展效益。

在城市建设与管理行业发展边界越来越模糊的情况下，行业外的企业像阿里巴巴、华为、IBM都纷纷踏足城市建设发展的产业化服务领域，很多的设计企业将会成为被整合的环节资源。可是设计企业作为城市规划设计方案的策划者，是具有巨大优势成为资源整合者或是某些方面的主导力量的，其带来的视野和长远发展的机遇是作为一个被整合的环节资源远远无法比拟的。

这种新的服务方式对设计单位的设计服务能力和资源整合能力提出了新要求。从提供单个项目的设计服务到提供全产业链的服务，也就是要为客户提供垂直化的发展整合服务。在这个竞合时代和社群经济时代，可以通过强强联合或者优势互补构建企业联盟的形式来实现一体化的服务需求。

通过城市建设管理中的设计单位服务模式探讨，不难发现，只要设计单位自身的业务模式、核心能力、资源体系进行改变与调整，在跨界的时代，我们才可能避免成为消极的"被打劫者"，跨界融合有可能成为设计单位新的发展机遇、新的发展空间。

随波逐流还是创新求变？

设计行业变革创新的"窗口期"已经打开，并已进入变革转型的"分水岭"时期。所谓"窗口期"就是允许试错的时间段，任何一个有效的变革创新都是一项系统工程，牵涉自身的战略定位、业务模式、资源及能力体系、资源整合方式，以及形成当前模式背后的思维、观念、认知，推进变革转型的历程面临着路径依赖、过渡状态的冲突管控、业务与资源能力文化的不平衡驾驭等一系列的内在要求。

从这个角度来看，一些单位希望通过外部压力传递到内部每个人员，进而有所动作或是消极等待变革创新条件的成熟，这些想法可能都是危险的。简而言之，随波逐流将会失去这一次行业分化重整的机遇。

以变革与创新，锻造未来发展的新动能、新空间，应该是设计单位面临变化的理性选择。通过自身的转型创新在行业重新"洗牌"的过程中，寻求自身的蜕变与重生。

在新形势下，设计单位不能被动地等待需求，而是要去挖掘潜在需求、发现新需求乃至创造需求。通过提升项目策划能力来引领客户的需求。立足于场景应用，挖掘客户隐形需求。以解决问题为导向，构建适应城市建设与管理要求的产品，提升服务能力，创新商业模式与盈利模式。

未来的设计行业竞争格局应该是容不下一些跟不上发展脚步的企业。

市场态势及规律是客观的，面对变化，不同企业可能会有不同的感受与应对策略，不同的策略会直接影响其未来在市场中的地位、定位。有理由相信，未来一定有一部分顺势而为、积极推进转型升级的设计单位会迎来更好的、更高的发展平台，同时也会有一批设计单位会因为缺乏核心竞争能力而愈发惨淡，甚至出局。

当然在设计单位变革转型的方向选择上，一定是有差异的，但回归客户需求，进行真正的价值创造是根本。在此过程中，专业化、一体化、平台化应该会是相当多设计单位思考与谋划变革转型的重要主线。

行业分化已经开始，未来设计行业的发展中，要么通过变革创新实现自身业务模式的升级，从而迎来新的发展平台与机遇；要么在激烈的时代变迁中逐渐萎缩，乃至出局！

既然行业深度调整已经来临，诸多变化已无可避免，设计单位在意识中就应该把其当成必须接受并积极应对的变量，"新常态"才是正常态，为此，这种新情况、新规律、新特点的呈现，无所谓好与坏，以变应变，才有未来！

目录

新 生 态 · 新 生 长

I 新生态、新环境、新问题

001

II 新生长：生态与价值

033

III

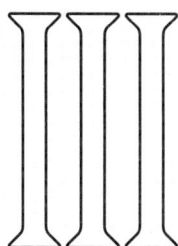

新场景：
重塑发展动力

083

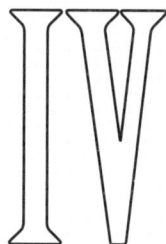

IV

变革转型
行动力

101

I

新生态、新环境、新问题

⌄

任何行业都有周期性，越是低端的行业周期

性越长。随着经济的发展、时代的变迁，每

个行业在不同时期面临的问题都不一样。

经历了近20年的高速发展，由于市场环境的改变，工程勘察设计行业的发展面临增长乏力的周期性调整。随着社会的进步、商业生态的调整，产业所处的形态、服务方式经过整合、融合将呈现出新的形态。过去基础建设大都是粗放式的，这个阶段已经过去，粗放式、简单设计的服务作用相对重要性在不断下降。现在面临市场需求在变化，将来设计服务将会产生新的形态。因此，当前面临的问题也与过去有着较大的差别。

更为重要的是，由于投资体制改革、市场监管体制等一系列因素的作用，工程勘察设计行业面临着供需结构的不匹配乃至错位。由于周期性调整与结构性矛盾的双重因素叠加，工程勘察设计单位发展面临着许多新的压力、新的矛盾、新的挑战。

1.1

从规模化增长到高质量发展

自改革开放以来，中国经济历经了三十多年的高速增长。随着供需矛盾日益突出，资源约束压力加大，环境承载力逐渐接近上限，经济发展态势也发生了转变。未来国内发展环境将更加复杂，困难挑战将进一步升级。此外，在国内经济发展面临转型升级的背景下，国际关系中不确定性和不稳定性进一步加强，全球范围内的经济摩擦频繁，伴随着贸易保护主义抬头，世界经济整体处在一个非常复杂的不确定时期。

在内外部形势变幻莫测的背景下，中国经济进入了"调整期"。党的十九大报告提出，我国经济已由高速增长阶段转向高质量发展阶段，正处在转变发展方式、优化经济结构、转换增长动力的攻关期。迈入高质量发展阶段，在经济发展上要完成三个方面转型，即质量变革、效率变革和动力变革："从数量追赶转向质量追赶，从规模扩张转向结构升级，从要素驱动转向创新驱动"。

过去传统产业的增长方式主要分为两种：规模扩张和产业链的上下游延伸。对于工程勘察设计企业而言，过去高速规模化扩张下，面临的问题主要来自于行业市场监管层面，如何构建有序的市场竞争环境。随着经济高速增长的阶段结束，传统产业的规模化扩张时代基本结束，通过规模扩张来创造价值的模式已经无法持续。未来工程勘察设计企业要思考的问题是产业价值链和服务产品附加值的提升，如何实现向价值链高端的转型，从全新的视角思考自身的生产模式、管理模式、技术创新模式、商业模式等来重构价值体系。

1.1.1 规模化扩张发展下价值增长乏力

2018年，全国工程勘察设计企业注册数量为23183家，从细分行业来看，专项设计类和建筑设计类的企业数量占比依然稳居整体前两位，分别占比为37.4%和21.5%。其中专项设计类共有企业8665家，建筑设计类共有企业4973家。2018年全国工程勘察设计行业从业人员总数约447.3万人，较之2017年同比增长4.4%；从人员结构来看，2018年共有专业技术人员约188.2万人，同比增长4.0%。

2018年整个行业营业收入规模持续保持稳健增长态势，突破5万亿大关，达到51915.2亿元，同比增长19.6%。从各个区域营业收入情况来看，区域分布不均衡，收入的主要区域来源是经济较发达地区，其中华东地区、华北地区营业收入规模持续保持绝对领先优势，稳居全国营业收入区域前两位，分别达到21404.7亿元和11513.6亿元，同比增长

27.7%和17.5%。

2018年，全国工程勘察设计行业的经营利润状况持续增长，实现行业利润总额2453.8亿元，同比增长12.1%；净利润2045.4亿元，同比增长13.7%。但值得注意的是，行业收入净利润率首次跌破4.0%，仅有3.9%，这是自2015年以来连续第四年出现下跌。工程勘察设计企业如何推进高效率经营、高质量发展，提升经营效率和探索新的利润增长点成为不得不面临的命题。

根据天强管理顾问①开展的2019年行业发展调研显示，2019年，90%的企业表示营业收入呈现增长的态势，其中48.6%的企业表示营业收入增速在10%以上。与营业收入相比，利润水平增速略逊一筹，59%的企业利润水平增长在10%以内。

从上市企业的统计数据来看，工程勘察设计上市企业设计咨询业务平均毛利率在40%~50%的区间。虽然设计咨询业务毛利率处于较高水平，但超半数行业上市企业2019年该类业务毛利率有所下滑。

设计咨询类企业设计咨询业务毛利率情况　　表1-1

上市设计企业	股票代码	2019年毛利率	2018年毛利率	同比
苏交科	300284	40.8%	34.5%	18.3%
中设集团	603018	33.8%	31.4%	7.6%
华建集团	600629	34.0%	35.0%	−2.9%
中衡设计	603017	35.3%	38.8%	−9.0%

① 天强管理顾问是国内最早成立并具有全国化运作模式的管理咨询公司之一，成立于1999年，历经二十余年的发展，以"1 行业 +1 专业"（国资改革管理和工程勘察设计行业）为特色，服务过近 2000 家中国企业。

续表

上市设计企业	股票代码	2019年毛利率	2018年毛利率	同比
华图山鼎	300492	37.1%	43.5%	-14.7%
启迪设计	300500	40.6%	40.9%	-0.7%
杭州园林	300649	48.8%	54.3%	-10.1%
中设股份	2883	49.3%	48.9%	0.8%
合诚股份	603909	54.3%	60.9%	-10.8%
建科院	300675	33.2%	39.8%	-16.6%
设计总院	603357	49.6%	52.8%	-6.1%
勘设股份	603458	46.8%	47.0%	-0.4%
永福股份	300712	51.9%	52.2%	-0.6%
设研院	300732	46.2%	49.5%	-6.7%
汉嘉设计	300746	30.0%	31.1%	-3.5%
华阳国际	2949	42.3%	32.4%	30.6%
新城市	300778	37.0%	36.8%	0.5%
东华科技	2140	26.0%	25.8%	0.8%
三维工程	2469	54.7%	62.0%	-11.8%
百利科技	603126	55.8%	49.6%	12.5%
中材节能	603959	60.4%	55.4%	9.0%
镇海股份	603637	60.0%	59.8%	0.3%
中国海城	2116	27.2%	23.5%	15.7%

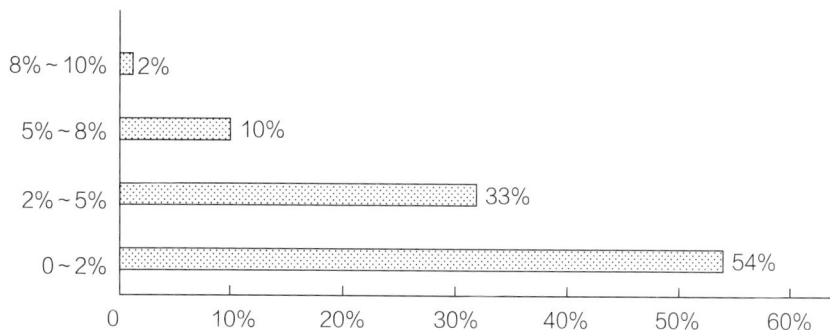

图1-1 工程勘察设计行业平均设计费用率情况调研

（数据来源：天强管理顾问2019年度工程勘察设计行业调研结果统计）

　　从设计企业的收费情况来看，大多数企业表示平均设计费用率不足5%，甚至多数在2%以内。仅有极少数企业表示平均设计费用率在8%以上，主要集中在基础设施领域。

　　工程总承包已经成为工程勘察设计行业主营业务的重要构成部分，但从企业工程总承包业务的毛利率来看，多数企业表示工程总承包业务毛利率在5%以下，仅有个别企业在20%以上，主要集中在工业工程设计类企业为主。且近三年来，工程总承包利润率并没有好转迹象，甚至有的企业表示呈现亏损状态。

　　17家以设计咨询为主业的上市企业中，共有11家企业在2019年开展了工程总承包业务。从表1-2整体来看，2019年大部分以设计咨询为主业的上市公司工程总承包毛利率在10%上下波动，但整体好于2018年经营情况。与2018年相比，工程公司的工程总承包业务毛利率呈现明显下降趋势，4家企业出现毛利率两位数以上下滑，仅东华科技、三维工程毛利率出现增长。

设计咨询类公司工程总承包业务毛利率情况　　表1-2

	企业名称	2019年毛利率	2018年毛利率	同比
工程设计咨询类	苏交科	14.9%	6.8%	119.1%
	中设集团	2.5%	—	—
	华建集团	2.6%	2.0%	30.0%
	中衡设计	5.5%	5.3%	3.8%
	启迪设计	—	6.6%	—
	杭州园林	14.2%	11.5%	23.5%
	勘设股份	26.3%	9.9%	165.7%
	永福股份	12.5%	14.3%	−12.6%
	设研院	—	29.5%	—
	汉嘉设计	4.5%	5.5%	−18.2%
	华阳国际	10.6%	19.2%	−44.8%
工程公司	东华科技	11.2%	10.3%	8.7%
	三维工程	13.5%	6.9%	95.7%
	百利科技	13.0%	29.6%	−56.1%
	中材节能	7.8%	13.8%	−43.5%
	镇海股份	4.8%	8.0%	−40.0%
	中国海城	1.3%	6.7%	−80.6%

1.1.2 行业景气指数呈现波动变化

根据思翔行业景气指数①显示，自2011年以来，行业发展景气指数多数在基准线以下。2019年以来，在国内外风险挑战明显升级的背景下，经济发展坚持稳中求进，深化改革开放。2019年12月12日中央经济工作会议工作指出，"十三五"规划主要指标进度符合预期，经济增速韧性和稳定性增强。2020年将继续坚持"稳字当头"的方针，确保经济、社会等各领域平稳运行。2019年，国家及行业主管部门发布一系列优化营商环境、推进区域城乡协调发展以及减税降费的相关政策，一定程度上激发了微观主体活力，提振市场信心。从企业景气和信心调研情况来看，随着外部形势的进一步明朗，企业对自身发展和市场展望更加乐观。

2019年第四季度工程勘察设计行业景气指数保持快速增长，达到90.0，环比上升13.1%，同比回升56.7%。从本季度企业景气指数细分指标来看，2019年企业经营扩散指数、市场需求扩散指数与市场竞争扩散指数保持良好增长趋势，实现稳步增长。

天强管理顾问构造的企业景气指数主要包含当前企业经营状况、市场竞争状况以及市场需求状况等子指标。2019年四季度，企业经营扩散指数②、市场需求扩散指数与市场竞争扩散指数均有不同程度地提升。

---

① 思翔行业景气指数是天强管理顾问工程咨询行业研究中心策划发起并组织实施，目前主要包含思翔工程勘察设计行业发展景气指数及企业家信心指数，以期通过指数反映行业发展综合运行情况及企业家对当前行业发展趋势的乐观程度。

② 扩散指数基于的问题多为类似于"好""中""差"（或者"上升""持平""下降"）的选择题。扩散指数的计算方法为："好"百分比 + "中"百分比 ×0.5。扩散指数在 0 ~ 100 之间，越高代表状况越好，50 为荣枯分界线。

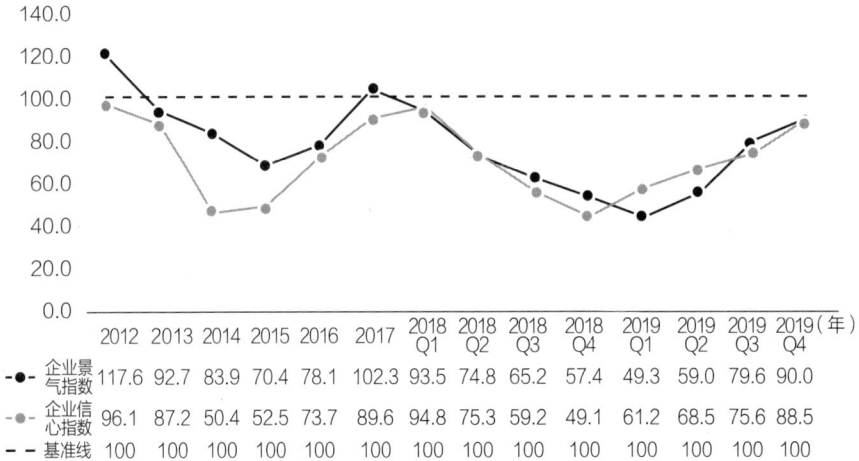

	2012	2013	2014	2015	2016	2017	2018 Q1	2018 Q2	2018 Q3	2018 Q4	2019 Q1	2019 Q2	2019 Q3	2019 Q4 (年)
企业景气指数	117.6	92.7	83.9	70.4	78.1	102.3	93.5	74.8	65.2	57.4	49.3	59.0	79.6	90.0
企业信心指数	96.1	87.2	50.4	52.5	73.7	89.6	94.8	75.3	59.2	49.1	61.2	68.5	75.6	88.5
基准线	100	100	100	100	100	100	100	100	100	100	100	100	100	100

图1-2 2012~2019年第四季度工程勘察设计行业企业景气指数与企业信心指数图

（数据来源：天强管理顾问季度调研结果统计）

企业经营扩散指数、市场竞争扩散指数和市场需求扩散指数如图1-3所示。2019年第四季度这三方面扩散指数均保持增长态势。市场需求扩散指数增长最快，跃居三个指标之首，为68.1，增幅达到7.0%。市场竞争扩散指数与企业经营扩散指数则分别为26.9与64.8。

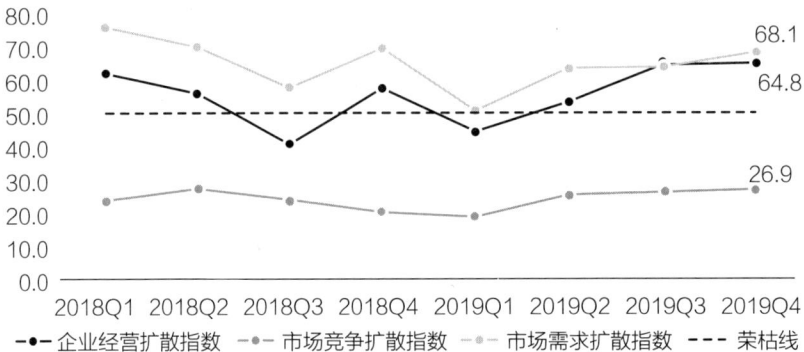

图1-3 2018~2019年第四季度企业景气指数主指标扩散指数

（数据来源：天强管理顾问季度调研结果统计）

1.1.3 当下处于向高质量发展过渡的阵痛期

过去高速化、规模化、封闭式、同质化的增长，对于行业而言，是一场暂时取得领先的上半场比赛。现在处于中场调整阶段，如何调整好战术和策略应对充满着未知的下半场比赛，是我们当前行业内企业需要面对与思考的命题。我们面临的是从上一个稳定态到下一个稳定态的中间动荡、调整的过程，既要保证原有业务稳定持续的推进，也要找到新的发展动力，在这个过程中充满着巨大的不确定性。过去行业内的格局基本上是规模决定地位，有规模往往有行业地位，在这样的逻辑下，努力寻求做大规模成为业内单位重要的发展导向，由此也深深影响着业内单位的发展逻辑。审视未来的发展，这样的发展逻辑以及相应的战略思维势必将会受到巨大冲击。有理由相信，当下就处于发展逻辑转换、战略思维重构的不稳定状态之中。

过去行业处于稳定状态，依靠投资拉动发展，企业追求规模化发展，市场相对分割和封闭。未来市场环境将是开放的，价值链演变更加多样，产业发展更加生态化，企业的发展将更加动态、模糊。行业正从上一个稳定状态过渡到下一个稳定状态，而"十三五"时期后半段以及即将到来的"十四五"时期前半段，是行业动态调整的重要"时间窗口"。行业的

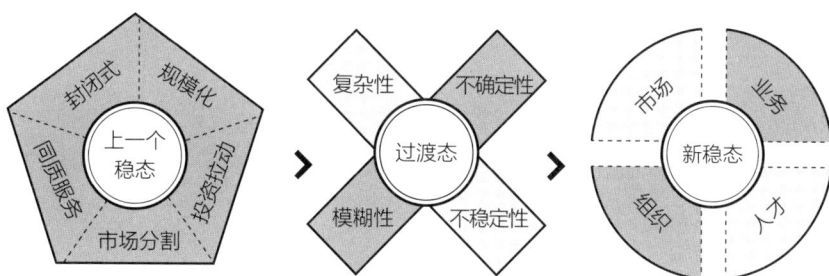

图1-4 工程勘察设计行业发展阶段示意

发展模式、成长规律处于动态探索和调整之中，这样的探索和调整将会进一步促进行业内单位的多元化发展、多极化演变，从而会形成行业的重整分化、重新"洗牌"时期。在这个时期，行业内单位将呈现两极化发展态势，具有一体化、集成化、综合化能力的单位将占据价值链高端，具有精专特色化和独到运作理念模式的机构也有自己的市场，但位于中间规模的、依赖过去市场条块分割得以生存的一些单位将面临巨大的发展压力。

随着行业内单位转型创新的推进，未来行业的发展将进入新的时代，重新在新的层面上形成新的稳定发展状态，行业便也从当前过渡态进入下一个稳态。未来行业新的稳态会呈现出不同于过去的一系列新的特征，不妨从市场、组织、业务、人才等方面管窥未来的新特征。

市场从竞争到共生共赢。随着市场化程度的提升，有些业务靠一家单位来做很难有效推进，需要思考如何真正建立互生共赢的协作网络。未来行业边界将会变得更加模糊，形成新的产业生态链，谁来主导生态圈，谁就是价值链的最高端。过去是典型任务导向，将来要在争取或创造项目时就要对产业链的布局有深刻理解。从过去关注企业到未来关注企业周边，培育与提升产业生态优势。

组织模式呈现扁平化、网络化、创客化趋势。2005年前设计院谈组织体系更多是谈综合所、专业所的选择问题，现在争论这个已经没有太大实际意义，因为它不是本源的问题。过去的组织管理逻辑上，更多是内部视角、项目视角、权责分配视角。讨论组织模式问题就是要研究如何有效契合客户需求，思考如何高效整合企业内外部资源的问题。作为专业服务型机构，设计单位的组织模式必然更加扁平化、网络化、创客化、动态化，并且在资源整合方面要突破企业的边界，在更大范围内进行资源集聚、整合与协同。新的商业生态下，企业应从提升管理综合效益和竞争力的角度，系统审视自身发展，通过推进组织变革来匹配新的商业环境要求以及自身业务发展的需要。

业务层次清晰，将呈现"五化"趋势。设计单位业务层次将会越来越清晰，过去市场条块分割、业务模式同质化，形成以区域、行业为界限的机构分类，未来行业的业务发展将会呈现专业化、一体化、集成化、系统化、垂直化的发展趋势。一体化是指在产业链上进行整合，目前行业内有些单位希望通过大力推行工程总承包实现企业的转型，从某种意义上看，这样的思路存在一定程度上的本末倒置误区，工程总承包是业务形态，不是转型升级的动力。基于这样的认知，更多还是属于两端延伸的思维，难以真正有效突破目前的发展困境。过去谈转型都是按照"一业为主，两端延伸"思路开展，前提是设计业务能够持续走下去，但是现在这个前提已经松动了。将来要更加关注一体化发展带来的服务新需求、新空间。此外，如何实现垂直化发展对业内很多单位而言，则是需要重点关注的命题。

构建以价值为本的人力资本经营体系。各家单位转型发展除了受体制约束，在很大程度上就是受人的影响。当前企业在业务转型面临最大的挑战就是原有的资源（核心是人力资源）和新的业务架构不匹配，企业从过去的人才管理走向人才经营，关注人员的价值辨识与激发，与员工之间的关系从过去所用权式的雇佣关系，走向到使用权式的合作关系。需要关注人员的潜能识别，构建以价值为本的经营人力资本体系。

1.2

行业发展"舒适区"被打破

随着全面规模化增长的落幕，设计企业发展"舒适区"被打破，企业与企业之间、产业与产业之间跨界融合加剧，客户需求愈发多样化，商业生态进一步融合，企业期待稳定的环境越来越稀缺，发展的不确定性在增强，习惯不确定、适应不确定、驾驭不确定，将成为一种常态！

当下行业发展面临着周期性和结构性调整双重叠加带来的影响。行业发展与固定资产投资息息相关，与国家经济周期相关，周期性波动对行业带来的影响不可避免。过去行业在高投资带来的高速发展背景下，很多违背客观规律而积累的矛盾将会不断发酵，乃至需要偿付代价。高速增长步伐的回落、投资结构的优化、竞争要素的改变、商业生态的调整，都告诉我们行业发展进入了新的商业生态，行业发展变化形势之大已经从年度为单位进行审视演变成需要每季度进行审视、研判。新的需求层出不穷，与行业的传统供给不断形成错位，这种供需的错位带来了行业发展的一系列新问题、新困扰、新挑战。

当前企业发展面临游戏规则的重构，原有的发展思维与逻辑已经不适应现在的发展要求。企业面临一系列新的问题需要面对：新的市场机遇与方向的探索，新旧业务的平衡与取舍问题。此外，在培育新业务的过程中，企业面临着业务与资源、能力的不匹配，以及现有企业文化不兼容新业务发展。领导力欠缺往往也是个突出矛盾，不足以推动企业往新的发展路径去前进。由此就导致了这样的局面：企业需要在充满变幻的环境中艰难前进，又缺乏前进的牵引力和方向感。

1.2.1 市场供需关系发生结构性变化

当前行业市场供需关系严重不匹配。现阶段工程勘察设计行业面临的需求层次呈现多样化：最基础的层次，即传统需求依然存在，但新的发展阶段要求服务更加有深度、更加精细化；第二层次，即现有需求经过物理组合，在形态、地域发生了变化；第三层次，即需求价值点发生迁移，更加强调集成化、一体化、垂直化、产品化，目前这类需求正在逐渐增加，是未来的重要趋势。

然而行业提供的服务仍然是模块化、阶段性、单环节、单产业。面对外部需求变化，整个运作导向要更加多元化。在新形势下企业运作需要考虑的发展导向是基于专业导向、经营导向、技术导向、价值导向以及平台导向，这对于资源和能力的要求与过去完全不同，对整合集成、技术创新、资本运作、产业运营、项目管理以及设计服务等能力提出了新的要求。未来对于人才的专业结构以及人员能力结构的要求也越来越多样化。

设计单位传统发展思维本质上是一种封闭的、静态的行业思维，主要体现为：以项目的经营运作为主线的任务导向性工作逻辑；以经营责任纵向分解为主要特征的管控激励逻辑；以两端延伸、横向拓展为主的业务扩展逻辑。在新的发展环境下，这些思维与逻辑往往会阻滞自身的真正突破与跃升。目前面临的市场需求的根本性变化，用原有的思维去解释新的问题与矛盾，往往会陷入"因果逻辑"的死循环之中。

1.2.2 行业竞争格局重新布局

当前行业边界逐渐模糊，商业生态体系呈现多元化、系统化，组织呈现无边界化，外部资源呈现共享化，种种变化对行业竞争格局带来强烈冲击。行业正在朝着两极化方向演变，一部分企业向以综合化、集成化服务为核心的资源整合主体发展，另一部分企业朝着精专特色化方向发展。随着互联网技术的深入融合，可以预见这一趋势将进一步加剧。市场一体化进程不断深化，跨区域、跨行业融合发展趋势加剧，竞争进一步加剧。在政策与自身内在要求驱动下，行业内企业加快体制改革、并购重组、推进上市等方面工作，拓展资源整合范围、升级发展模式，势必进一步加速行业内企业的分化。

跨界竞争带来竞争格局重构。过去业务拓展更多的是谈设计两端延伸，后来是面向工程建设产业链全生命周期服务，行业与其他产业之间的交互越来越明显，条块分明的行业边界已经被打破。企业进入无疆界的竞合时代，单纯地依赖企业自身的发展已不能很好地适应动态、多元的商业环境。商业生态的多样性也将带来更加复杂和立体的市场竞争环境，同时也面临着市场竞争周期加快的压力。产业融合已经成为现实，不再是预测中的情景，整个行业价值链已经发生根本改变，价值规律以及价值体现方式发生嬗变。对于设计企业而言，亟待跳出原有的发展模式，建立新的商业服务方式，实现价值的增值，在日益复杂的竞争关系中找准价值定位，力求脱颖而出，实现可持续发展。

从行业目前发展来看，这一趋势在逐渐强化。在对行业市场竞争环境调研中发现，大部分企业对市场竞争环境均表示了悲观态度。根据天强管理顾问针对行业发展季度调研显示，2019年第四季度64.9%的企业认为当前市场竞争程度较以往有所加剧，只有5.4%的企业表示市场竞争

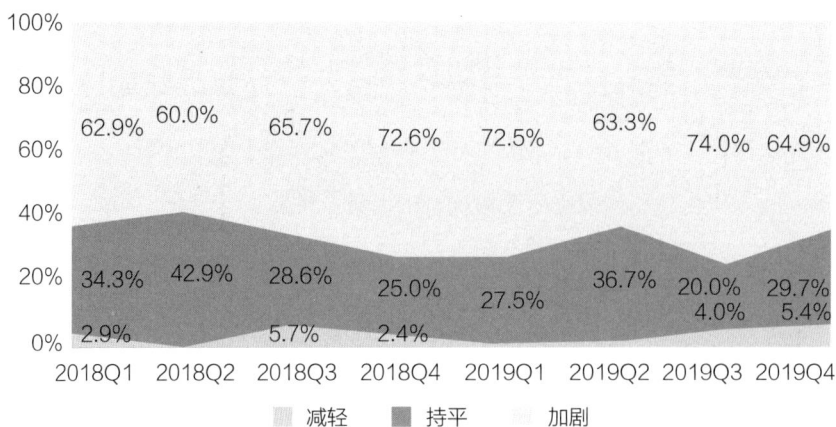

图1-5 2018年以来季度市场竞争状况

（数据来源：天强管理顾问工程勘察设计行业季度调研结果统计）

有减轻的迹象。随着越来越多拥有资本优势的集团企业与科技研发优势的外行业主体加入行业竞争体系后，传统设计企业市场空间被进一步压缩，整体市场竞争状况在未来较长的一段时间内，可能都将处于较为激烈的状态。

1.2.3 传统商业模式不适应时代需要

当前也不能单纯用勘察设计来表征行业的特征了。随着市场的牵引、业务的调整，工程勘察设计企业的业务构成已经发生了巨大的变化。从2018年各项业务占比情况来看，我国境内工程总承包和其他业务营收均过万亿，分别为2.6万亿和1.9万亿，两者合计在行业中占比约为88%，成为2018年营业收入的主要来源。工程设计与工程勘察业务占据整个行业的收

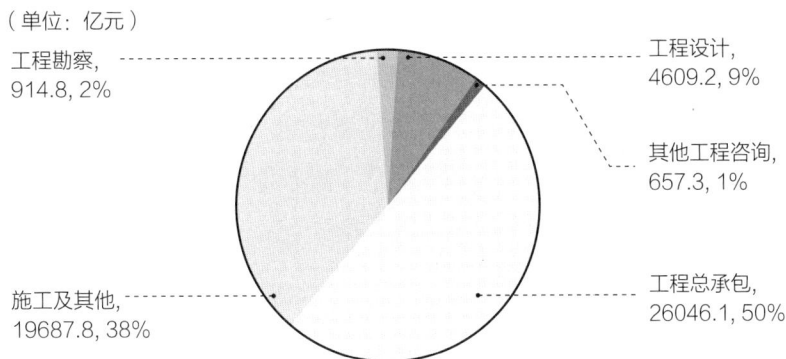

（单位：亿元）

工程勘察，914.8, 2%
工程设计，4609.2, 9%
其他工程咨询，657.3, 1%
工程总承包，26046.1, 50%
施工及其他，19687.8, 38%

图1-6　2018年工程勘察设计行业细分行业[①]营业收入占比情况

（数据来源：工程勘察设计行业2019年年度发展研究报告）

[①] 2017年工程勘察设计行业统计汇编中对业务统计口径进行调整，业务模块划分为工程勘察（境内）、工程设计（境内）、其他工程咨询（境内）、工程总承包（境内）、其他业务和境外业务六大板块。其中其他业务主要指工程勘察、工程设计、工程咨询、工程总承包业务之外的收入。

入比重下滑至11%，行业营收主要以工程总承包为主，1995年至今，工程总承包业务年均复合增长率达35.2%。在2002~2012年期间，每年的增速几乎都超过30%。

单从工程设计营业收入情况来看，1995年营收为132亿元，2018年工程设计业务营业收入为4609.2亿元，年均增长率为14.9%。但是从营收比重来看，工程设计业务在总营收的占比愈来愈低，2018年占比仅为8.9%，24年内占比下滑近56个百分点。

从工程勘察营业收入情况来看，1995年营收为40亿元，2018年达914.8亿元，约为1995年的23倍，年均复合增长率达14.8%。增长速度远远低于整体营业收入，并且近年来增速有明显放缓的迹象。在2011年之前，工程勘察每年的收入增速大部分均在25%上下，但在这之后增速明显下滑，2012年甚至还出现了负增长。从业务收入占整体营收比重来看，工程勘察收入占比呈现逐年下滑的趋势，并且下滑势头明显。占比已经从1994年的20.0%下降到了2018年的1.9%。

传统的商业模式适应不了未来系统化、综合化发展要求。工程建设组织模式发生着变化，带来了新的服务模式要求，传统的设计服务模式不适应新的要求和变化。全过程工程咨询的兴起、工程总承包的大力推进、全生命周期服务体系的探索，对于设计企业的资源与能力带来了较大挑战。运营能力成为企业竞争核心的焦点，对于传统设计企业而言面临颠覆性的改变。不但需要提升企业自身专项设计能力，还需加强对于外部资源的有效整合和利用，与行业内外企业如何有效连接，构建行业生态价值链。

新的商业模式带来新的业务生态系统要求，从而取代传统的业务模式。在产业融合背景下，价值链越来越细化，企业之间的融合不断加强，新的商业生态价值链在不断构建，设计企业不但要关注工程建设环节中的价值地位，还需要去探寻整个工程建设产业链中的地位。

1.3
发展的不确定性在增强

在当前行业发展大背景下，企业总会产生焦虑和彷徨。过去，行业发展的特点是任务导向、条块分割、资源割裂，总体上发展条件是确定的。但如今很多东西都在变化，在产业链、资本和新技术维度下都存在诸多变数，从而导致企业在发展过程中面临诸多不确定性。

1.3.1 行业自我认知的不确定

2018年工程勘察设计行业中勘察与设计业务比重仅占11%，且呈现逐年下降的趋势，行业面临着资本、互联网以及产业带来的冲击与融合。近年来，行业内人员也在不断地"拷问"，我们还能否用设计行业来定义我们的行业。行业有界、企业无界，从政府角度来说，需要按照行业界限发布针对各行业的政策、信息，但从企业角度来讲，在当前跨界颠覆、跨界融合的大背景下，从一定程度上来看是没有边界的。笔者通过与很多企业的接触发现，很多时候战略难以达成共识的主要原因在于认知的偏差。因此，我们需要重新认识所处的环境以及自身情况，重新审视面临哪些机遇和挑战。

1.3.2 业务创新发展逻辑不确定

无论未来行业如何变化，行业融合将会进一步加剧，已经不能用细分行业简单地将设计企业做的事情区隔开。同时，未来的市场机遇也已经不能简单地与行业画等号，因为业务的开展逻辑发生了变化。企业用过去的点、线式的思路已经不能够支撑自身更好地发展。

在思维角度方面，需从行业思维转向产业思维。因为纯设计业务的比重只占行业整体营业收入的9%左右，说明产业化发展趋势已经形成，每家企业可以不纠结是否为设计企业，因为设计行业已经发生了很大的变化，企业需要确立产业思维。将来的竞争已经不再是任务层面的竞争，而是产业链上的竞争，企业发展的核心是以客户需求为导向，创造可感知、可衡量的价值。面对业务创新发展逻辑的不确定，我们需要确定的是，企业发展的核心要聚焦价值创造，厘清价值链条上的服务环节，从任务导向走向价值导向。

1.3.3 支持行业持续发展的外部动力不确定

过去，行业快速发展很大程度上依赖于固定资产投资的快速增长；现在，整个固定资产投资已经发生着相当大的变化，支撑经济增长的"三驾马车"也在经历着深刻地改变，那么当前支撑工程勘察设计行业发展的动力在哪里？资本和新技术能否构成发展的外部新动力？

在内外部形势变幻莫测的背景下，中国经济进入了"调整期"。2019年底中央经济工作会议指出我国正处在转变发展方式、优化经济结构、转换增长动力的攻关期，结构性、体制性、周期性问题相互交织，"三期叠加"影响持续深化，经济下行压力加大。未来发展坚持稳中求进工作总基调，坚持新发展理念，坚持以供给侧结构性改革为主线，坚持以改革开放为动力，推动高质量发展。

面对全球范围内的第四次产业革命扩散和国际产业分工格局重塑时机，国务院于2015年5月19日发布了《中国制造2025》，明确提出产业升级的方向和标准，坚持"创新驱动、质量为先、绿色发展、结构优化"，重点关注"五大工程"和"十大领域",主动重构产业链和价值链。"未来的产业发展主要不是规模扩张,而是产业价值链和产品附加值的提升",要实现向价值链高端的转型,就要从全新的视角思考产业的生产模式、管理模式、技术水平、商业模式等,通过对以上各方面因素的升级创新,实现生产要素和资源的自由流动,引导推动各种创新要素向产品和服务的供给端集聚,最终实现产业升级,重构价值体系。

面对当前国家经济已由高速增长阶段转向高质量发展阶段的背景下,工程勘察设计行业加速寻找和发展行业新动能,加快行业转型升级的步伐,推动行业尽快向着提质增效式发展。

截至2019年底,与工程设计相关的上市企业约45家,以工程勘察设计为主业的行业内上市企业突破18家。进一步分析,能明显地感觉到上市公司在募集资金使用方向上的变化,过去更多的是基于产能的扩张、技术的研发,而现在很多上市公司募投考虑的是培育新的业务模式。很多新的业务模式必须要与资本结合,才能够加快进程、迅速占位。从商业模式演进方向来看,设计单位是从"技术+劳务"走向"技术+管理+资本",而行业内企业需要尽快补足管理能力,尤其是全过程管理能力是很多设计企业所缺乏的,设计单位需要改变过去的乙方思维和建设思维。如何与资本要素有效对接、融合,进而拥有资本化能力,是行业内企业未来必须考虑的命题。从某种意义上讲,立足于未来的产业链角度审视,行业内企业需要通过强化前端能力和全过程能力,从而能够引导资本、驾驭资本,否则就会陷入被资本绑架的境地。

当前,新一轮科技革命和产业变革正在萌发,随着云计算、大数据、物联网、人工智能等技术与传统产业加速融合,互联网技术正快速渗透至工程勘察设计行业各个生产环节之中,为工程勘察设计行业的未来发展带来更多可能性,包括管理效率和运作模式变革、商业模式创新、新价值链的诞生等。

1.4
面临的管理问题越来越复杂

历史上，国内勘察设计企业受到或多或少的行业和地域保护，由于这一原因，传统意义上的"设计院"的基础业务来源整体而言具有相当可靠的保障。作为工程技术的应用主体，承担着服务于国家固定资产投资的责任与使命，在相当长时间内，其市场化竞争程度相对较低，内部的经营管理体系也自成体系、相对封闭。即使在改革开放之后，"设计院"在体制方面进行了一系列的企业化、公司化改革，但由于我国经济的高速增长，固定资产投资增速始终处于高位，设计行业有非常高的进入门槛，"设计院"的市场化竞争压力依然相对较低。随着行业和地区壁垒逐渐减弱甚至消失，受到市场经营激烈化、业主需求多样化、产品服务综合化的影响，行业内企业的发展轨迹、管理运作遇到巨大挑战。

企业面临的管理问题也越来越复杂，过去面临的管理问题更多的是落实在内部权责利分配上。当前在市场化推进下，随着体制改革步伐的加快，企业面临着如何打造从市场、销售、品牌等一系列的市场经营体系问题；随着资本化运作带来的游戏规则改变，上市、并购重组、战投引入、PPP工程建设模式加快等，在管理上企业要考虑到资本的引入带来了财务、法律等问题；市场竞争格局、客户需求的改变，带来业务模式创新调整的需要，相应地带来企业在组织变革、运营管理变革方面新的需要。

1.4.1　行业监管更加市场化、规范化、国际化

对于企业资质管理，工程勘察设计行业从最初简单的资格认证到如今弱化企业资质，探索"宽准入、严监管、强服务"的转变，2017年2月，国务院出台《关于促进建筑业持续健康发展的意见》重申进一步简化工程建设企业资质类别和等级设置，减少不必要的资质认定。强化个人执业资格管理，明晰注册执业人员的权利、义务和责任。2017年12月住房和城乡建设部印发《关于开展建筑业企业资质告知承诺审批试点的通知》，决定在北京、上海、浙江3省市开展建筑业企业资质告知承诺审批试点。2019年7月国务院办公厅发布《关于加快推进社会信用体系建设构建以信用为基础的新型监管机制的指导意见》（国办发〔2019〕35号）明确在招标投标、资质审核、行政审批、市场准入等事项中，充分发挥公共信用服务机构和第三方信用服务机构出具的信用报告作用。以加强信用监管为着力点，创新监管理念、监管制度和监管方式，建立健全贯穿市场主体全生命周期，衔接事前、事中、事后全监管环节的新型监管机制。

2019年3月26日，国务院办公厅发布《关于全面开展工程建设项目审批制度改革的实施意见》（以下简称《实施意见》），提出要进一步精简审批环节，要求试点地区在加快探索取消施工图审查（或缩小审查范围）、实行告知承诺制和设计人员终身负责制等方面，尽快形成可复制、可推广的经验。这是近年来国务院首次明确提出要取消施工图审查制度，而且对取消施工图审查之后的责任落地提出了解决办法，即告知承诺制以及设计师终身负责制。

从全过程咨询服务发展指导意见的征询意见稿、企业资质审批告知试点的推广、工程总承包编制施工图试点到对外投资若干规定的废止等政策，背后的逻辑体现出行业监管政策更加市场化、规范化和国际化。但从目前实际政策推进过程来看，落地成效不佳，行业监管体制与企业发展诉

求存在明显错位，主要表现在双轨制问题亟待解决、施工图审查机制争议不断、招投标管理制度不合理、总承包与全过程咨询的推进落实政策模糊、建筑师权责利不对等，这些都将对企业未来的发展增加了更多的不确定性。

1.4.2　持续推进工程建设组织模式创新

2017年国务院发布的《关于促进建筑业持续健康发展的意见》再次重申改革工程建设组织模式，推行全过程工程咨询和工程总承包，鼓励建设企业从单一环节向全过程迈进。此后，住房和城乡建设部相继发布了工程总承包、全过程工程咨询与建筑师负责制等相关指导意见与试点，为持续推动工程建设组织模式优化提供政策支持。

2018年7月，《住房和城乡建设部办公厅关于同意上海、深圳市开展工程总承包企业编制施工图设计文件试点的复函》中，住房和城乡建设部同意在上海市、深圳市开展工程总承包企业编制施工图设计文件试点，同步开展建筑师负责制和全过程工程咨询试点。此次试点无疑是工程建设领域与国际接轨的一大步，推动工程建设领域的对外开放，促进工程领域企业提高综合竞争力。

2019年3月，国家发展改革委、住房和城乡建设部联合印发《关于推进全过程工程咨询服务发展的指导意见》（发改投资规〔2019〕515号，以下简称《指导意见》），在房屋建筑和市政基础设施领域推进全过程工程咨询服务发展，提升固定资产投资决策科学化水平，进一步完善工程建设组织模式，推动工程建设行业高质量发展。相关《指导意见》要求全过程工程咨询的发展要以市场化为基础、国际化为导向、"放管服"相结合。未来将进一步培育一批具有国际水平的全过程工程咨询企业，基本形成统一开放、竞争有序的全过程工程咨询服务市场，建立与市场相适应的全过程工程咨询服务管理体系；逐步建立健全与全过程工程咨询相适应的项目审批和监管制度，建立全过程工程咨询诚信评价体系；实施人才发展战略，培养与行业发展相适应的人才队伍。

2019年9月，国务院办公厅转发住房和城乡建设部《关于完善质量保障体系提升建筑工程品质指导意见的通知》（国办函〔2019〕92号），提出推行工程总承包，落实工程总承包单位在工程质量安全、进度控制、成本管理等方面的责任。积极发展全过程工程咨询和专业化服务，创新工程监理制度，严格落实工程咨询（投资）、勘察设计、监理、造价等领域职业资格人员的质量责任。在民用建筑工程中推进建筑师负责制，依据双方合同约定，赋予建筑师代表建设单位签发指令和认可工程的权利，明确建筑师应承担的责任。

2019年12月31号，住房和城乡建设部、国家发展改革委联合印发《房屋建筑和市政基础设施项目工程总承包管理办法》。提出工程总承包单位应当同时具有与工程规模相适应的工程设计资质和施工资质，或者由具有相应资质的设计单位和施工单位组成联合体。确立了我国工程总承包新的设计和施工"双资质"制度，进一步推进设计、施工企业在工程总承包的深度融合。

工程总承包、全过程咨询业务、建筑师负责制的推进，我国的工程建设组织模式逐渐向国际化方向靠拢，企业也在加快业务模式的创新以适应政策的要求，带来了内部运营管理以及人员管理的新要求。

1.4.3 企业经营资源体系面临重构

许多企业在推进转型升级时遭遇困难，核心问题在于以原有业务惯性去拓展新业务，造成企业资源能力体系难以满足新业务发展的需要。

在新的商业生态下，设计企业更多地去思考如何通过平台化资源整合和对接资源，构建平台、链接、共生的商业生态。对于企业的经营架构带来新的挑战，基于关键资源要素的变化，设计企业需要重构自身的资源经营与整合能力体系，必须对传统的经营管理理念、生产经营方式、经营目标等进行扬弃和取舍，并重新树立新的经营管理理念。通过管理制度、经营理念、管理模式等方面的创新，建立起崭新的运作机制，从而提高企业的市场竞争力。

在未来发展中，随着新型城镇化发展、信息技术的进步、业务模式创新发展，设计单位将面临愿景重塑、战略重塑的问题，而这需要设计单位进一步拓展战略视野。从传统的咨询设计业务，扩展到整个工程建设产业链来定位自身的服务；在扩延到整个基础设施投资的链条上定位自身的业务，进而在放眼整个商业生态圈、产业平台的角度来重新定位。在资源需求方面也将产生新的变化，包括人力资源、技术资源、资本资源等都将成为关键的资源内容。面向未来的设计单位资源能力体系构建不仅要考虑资源结构问题，还要关注如何更好地对相关资源进行有效整合、充分激励的问题。

随着区域市场不均衡越来越明显，原来的市场集中地与资源集中地冲突越来越突出，全国化发展成为了企业的普遍选择。跨区域市场拓展，解决市场资源的集成，在原有的分院制发展模式下，多数集团对各分子公司还是属于托管或直管模式，无法解决市场信息及市场资源的协调。未来企业区域拓展更加关注如何有效整合区域内的既有分支机构或外部设计单位，通过组织调整与经营的重构，从而有效实现区域资源的集成与协调，发挥协调效应。

1.4.4　精细化管理要素禀赋调整

当下对企业管理的困惑越来越多。过去谈设计企业从粗放式管理走向精细化管理，但是对精细化管理的内涵没有形成共识和标准。随着行业发展进入新的时代，伴随着政策与技术带来的变化，对于设计企业的精细化管理要求也逐步清晰。当前设计企业的精细化管理主要体现在管理的数字化、规范化、平台化。

管理的数字化。要求企业利用先进的信息化手段提升管理效率，借助大数据思维和工具，能够利用数字分析对管理进行优化。

管理的规范化。推进真正意义上的公司治理优化，化解公司管理风险，锻造公司制度资源。当前，设计企业公司治理往往和体制改革、引进战略投资者、并购重组、资本化等密切相关。企业管理从很大程度上是为了解决资源集成、人员激励、组织管控问题。现阶段行业企业面临的问题在于：新旧业务如何平衡？资源如何布局？过去对人员激励失效怎么办？企业管理要回归本源，在定位自身战略的基础上，相应的要素需要协调统一，要站在系统化角度重新审视，才能找到答案。

管理的平台化。企业管理逻辑与理念的改变，不再是用强管控的思路去管理企业，管理要做到内外部的赋能，对外能够进行有效的产业资源整合，对内要激发员工的能动性、自主性、创造性。

1.5

行业发展的下半场思考

1.5.1 行业生态正在走向何方？

首先是面对新的需求。城镇化发展进行高质量发展的新时期，市场需求驱动的个性化定制、智能制造、从产品向服务转型等为代表的产业升级也正在加速演进。工程设计企业需要从重点服务于工程建设阶段的思维跳出，在更广阔的空间中寻找"蓝海"。

其次是面对新的竞合。工程设计行业竞争格局正在从"金字塔"结构向"哑铃型"结构的深刻转型，且面临着更多的市场参与者以全新的商业思维模式、全新的资源禀赋、全新的运作模式加入。我们可以看到阿里巴巴、华为等创新型科技企业在基础设施领域的布局与探索、挑战与机遇空前。

第三是面对新的约束。处在一个日益开放、交融的商业生态系统中，市场需求不确定性、资源的无边界特点、人力资源的市场化流动与价值诉求多元化、多边立体的价值网络要求等趋势日益加强，工程设计企业面临着战略敏捷性的考验，面临着跨组织、跨地域资源整合效率与效益的挑战，面临着更有效赋能员工的压力。

工程勘察设计企业正面临着日益开放交融的商业生态系统，正在从单边价值链竞争转向更加多边、立体的价值网络竞争：企业价值输出从依托于人与技术、抗周期能力偏弱的单一盈利模式转向包括综合型服务、产品化、投资、运营管理等立体式盈利模式转型；从立足区域行业、基于自身资源的竞争关系转向多元、跨界、内生外延相结合的竞合关系。

1.5.2 "危中有机"，从哪里逆风飞扬？

从发展数据来看，工程勘察设计行业整体营业收入仍保持着快速的增长，但也必须看到整体利润率的不断下行、业务结构持续变化、传统设计业务收入增速保持低位徘徊等方面的问题。

尽管当前内外部环境错综复杂，但产业升级、城市发展的内在需求仍然存在，特别是面向建设中后期的一系列新兴需求。仅是无法用传统服务模式去满足新需求，需要真正发挥多专业综合优势的"乘法式"集成化服务去满足市场的全生命周期价值需求，前向深入到咨询、策划、融资等服务，后向进入到运营管理服务。在运营管理期，以"检测—咨询—治理"为特征的集成化解决方案与运营大数据结合的智慧管理及解决方案等都成为广泛的关注点。

从建筑设计行业来看，未来应该关注的方向大致包括：城市建设管理的综合服务，包括城市更新在内的存量市场、聚焦文旅康养的特色集成产品等；从土木工程领域来看，关注方向大致包括：大力发展工程总承包等全过程服务、加快海外发展、以基础设施为导向的综合开发模式等；从工业工程领域来看，关注方向大致包括：更新改造、利用技术与资源向相关领域拓展、利用技术与资本探索产业化发展等；从工程勘察与城市规划领域来看，关注重点是与GIS、大数据、云计算等信息技术结合推进服务升级。

1.5.3　企业的动力体系应该如何构建并强化？

当前行业持续增长与竞争加剧的挑战并存、市场需求驱动与企业内生变革驱动并存、竞争格局深化演进与企业商业模式创新加速并存，工程勘察设计行业正处在一个动态、复杂、模糊、交融的大变局中，可持续发展是一个持续性、系统性命题，需要我们比以往更加关注战略的思考、战略的动态革新。

立足当下，工程勘察设计企业要实现可持续发展，必须遵循新型商业生态下的供需逻辑、竞合关系，保持适应不确定性的战略柔性，以"资合人合"相统筹的现代公司治理为引领，以开放共赢的事业平台为基础，以追求卓越的创新动力为驱动，构建赋能高效的运营体系。

处在这个承上启下关键时期，基于对新型商业生态、新时期复杂环境的深度洞察，去界定、勾勒企业成长与发展的本源问题，对于每一家工程勘察设计企业都显得十分必要。作为市场化竞争发展的主体，"未来在哪里成长""如何成长""靠什么成长"将是构筑可持续发展动力体系的终极之问。

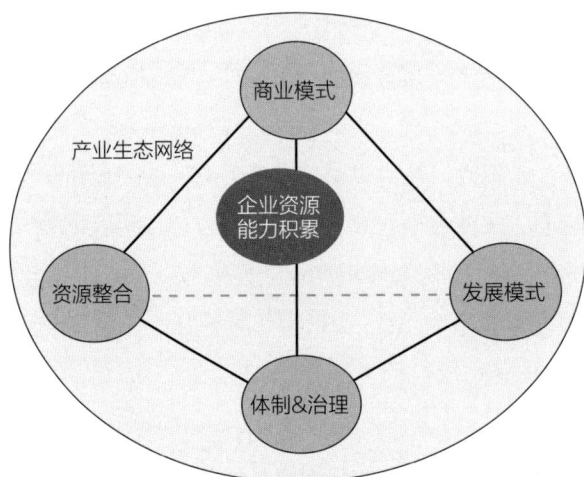

图1-7 工程设计企业未来发展思考逻辑

要回答"未来在哪儿成长"，需要立足产业生态系统、全生命周期的价值需求，结合市场化、产业化、资本化的发展新趋势，考虑业务领域的布局，构建更具成长性与可持续性的盈利模式，并统筹好新业务拓展、既有业务提质提效、新旧业务协同等方面的问题。

"如何成长"的突破，关键是加快变革调整、将新型商业模式与盈利模式落地，抓手在于以业务策划引领、价值模式统筹、协同机制支撑，有效整合内外部资源，提升价值创造能力与效率。

要解决"未来靠什么成长"的问题，关键是打破边界观念，以赋能、链接、共赢理念，通过解决体制与机制创新激活内部要素与资源、链接外部要素与资源。

一切的现在都孕育着未来，未来的一切都生长于它的昨天！

1.5.4 未来依然可期待

结合现有市场环境发展来看，国家依旧把基建补短板作为国家重点工作之一。同时，发行地方政府专项债等配套措施也进一步保障了基建项目的更好开展。虽然国际经济贸易关系错综复杂，但在中国政府的积极努力下，总体上也出现很多向好的迹象；在倡议"一带一路"的5年多时间里，基础设施互联互通的水平大幅提升，以及其他多方面利好因素，也将为工程勘察设计企业带来更多国际化的机遇。

面对日益纷繁复杂的外部环境和市场竞争格局，整体经济增长处在从规模发展转向内敛化、从速度转向质量的变革关键期，行业结构调整处在进行时，要求企业进一步激发发展的内生动力，以内生增长引擎带动行业转型升级。尽管市场竞争格局飞速变化，行业的韧性和抗风险能力也在不断增强，随着2019年下半年国家出台一系列稳增长、推动产业升级的政策，设计企业对未来的信心和期望值也在不断攀升。总体而言，尽管企业所处的环境依然在剧烈调整之中，企业对未来发展的信心依然不断增强。据思翔信心指数显示，2019年第四季度企业信心指数继续回升，在第三季度基础上实现了17%的增长。自2018年第四季度以来，信心指数持续保持上升趋势，从49.1回升至88.5。

2019年一至四季度企业即期信心和预期信心指数出现明显的波动性变化，尤其是即期的信心指数变化，受当前竞争环境影响，企业对行业发展的判断有所回升，仍保持观望态度；同时，不断释放的政策红利和市场空间在一定程度上缓解了企业经营压力，企业对行业未来发展仍保持较大信心。

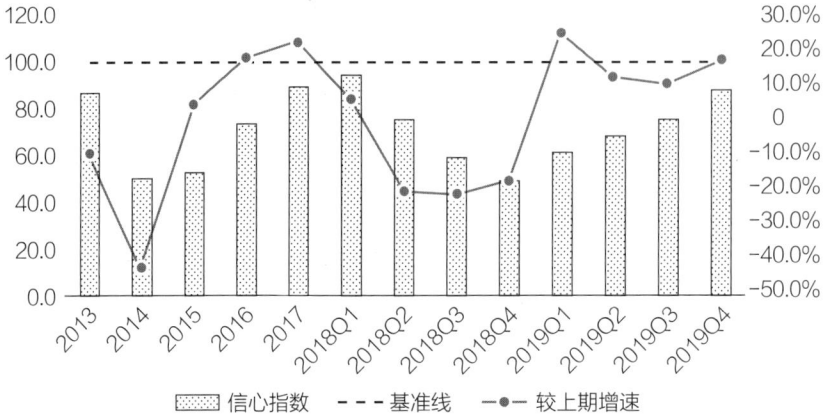

图1-8　2013~2019年第四季度行业信心指数走势图

（数据来源：天强管理顾问工程勘察设计行业季度调研结果统计）

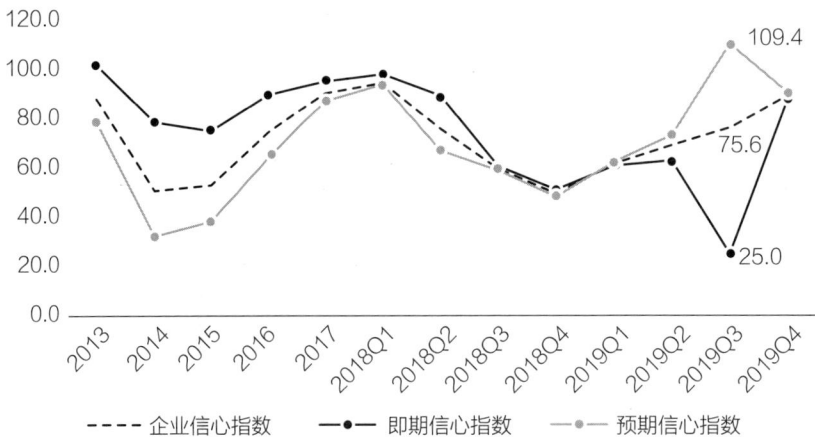

图1-9　2013~2019年第四季度行业景气指数走势图

（数据来源：天强管理顾问工程勘察设计行业季度调研结果统计）

II

新生长：
生态与价值

∨

工程勘察设计企业的新商业生态正在重构中，更加需要以立体的视角勾勒新型服务模式，以互联网思维无边界整合行业生态资源，通过跨界整合，丰富完善自身竞争优势。重新认识客户及其价值需求，重新思考服务内容及模式的创新，重新思考支撑业务的资源整合方式。

行业会有未来，但不是行业内所有的企业都有未来。我们不知道现在的企业哪些可以代表行业发展的未来，但是可以知道未来存活下来的企业是什么样的。面对未来行业的重新洗牌与新的游戏规则，未来具备生存能力的企业不是依赖规模、资质，而是竞争力！巨变的时代中，"知"与"未知"的鸿沟在不断放大。行业发展的边界在模糊，原有的价值逻辑被颠覆，如何迎接未知机遇，找寻新价值主张下发展困境的突破口。

外部环境发生巨变，行业竞争规则被重新定义，勘察设计企业面临用户价值主张的改变，同时商业生态融合的加强，传统的设计市场被颠覆，数字经济的兴起带来了更多改变和要求。面对新的变化，设计企业陷入了传统发展模式的经营困境，传统模式发展不适应现在的要求，传统发展路径依赖无法摆脱，设计价值扩张路径单一无效，面临降维打击，核心竞争优势失效；企业发展急需新的动能，从简单的规模化扩张到价值扩张的路径探索。

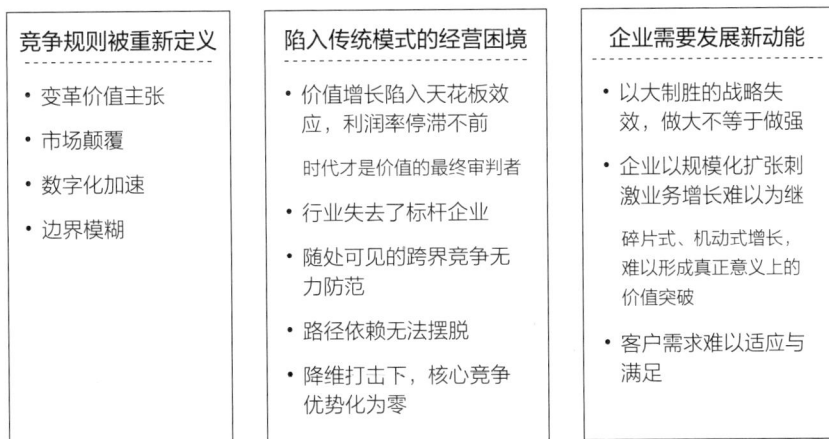

竞争规则被重新定义	陷入传统模式的经营困境	企业需要发展新动能

• 变革价值主张
 	
• 市场颠覆
 	
• 数字化加速
 	
• 边界模糊
	• 价值增长陷入天花板效应，利润率停滞不前
	
	  时代才是价值的最终审判者
	
	• 行业失去了标杆企业
	
	• 随处可见的跨界竞争无力防范
	
	• 路径依赖无法摆脱
	
	• 降维打击下，核心竞争优势化为零
		• 以大制胜的战略失效，做大不等于做强
		
		• 企业以规模化扩张刺激业务增长难以为继
		
		  碎片式、机动式增长，难以形成真正意义上的价值突破
		
		• 客户需求难以适应与满足

图2-1 当前工程勘察设计企业的发展困境示意

2.1

建立发展新"三观"

　　过去粗放式条块分割的行业布局明显不适应未来市场需求，肯定会调整。未来有自己的独特优势、能够提供满足市场需求的服务、模式被市场所接受的企业才能活下来。过去行业的业务量呈现快速规模化发展，对于企业发展的判断标准一定程度上是按照规模和从业人员数量来衡量的，并不是按照企业核心竞争力和为客户价值能力来表征。从某种意义上讲，工程勘察设计行业并不是完全成熟的行业，发展到现在，行业在经历着深度市场化的洗礼，行业逐步跨入以需求为牵引、价值创造为导向的发展方向。过去行业在发展过程中，企业忽视了自身作为专业技术服务机构应当发挥的作用，也忽视了技术创新的重要性。由此，虽然行业的营业规模在不断增长，但是也积累了诸多的潜在矛盾与发展隐忧。在行业新生态下要促进行业有效持续地增长，企业要用新"三观"——生态观、系统观和创新观重新审视自身的发展。

2.1.1　生态观：资本、技术、资源成为企业发展的新动力

　　过去很多工程设计单位谈及资本，认为企业发展被资本绑架。针对这个困扰的进一步分析不难发现，设计单位要么具有引导资本的能力，要么被资本绑架，基本上只有这两条路。与资本结合的途径、模式有很多，近年来工程设计企业通过上市来实现与资本的快速融合，成为业内的一个重要现象。近年来上市企业逐渐增加，但是上市后对于资本的使用及价值发

挥，相当一部分依然停留在简单的规模扩张、对于业务模式创新的投入显得不足。上市对于设计企业是战略手段，不是终极目标。上市与竞争格局、盈利模式、公司治理有密切关系，需要理性应对，避免踏入"上市陷阱"。

产业技术创新和社会科技进步推动了企业创新发展，利用产业技术创新提升服务价值，促进产业转型；社会科技进步是行业增长的外生力量，促进服务模式创新升级。随着信息技术发展和企业改革深入，工程勘察设计企业的管理方式正在向创新管理和知识管理转变。企业通过搭建和完善信息平台，打破传统的信息交流和沟通屏障，对内部业务流程和组织机构进行改革和简化。信息化水平的提升和信息平台还能帮助企业重新整合内部资源，打破传统的办公模式和组织运作方式，网络型组织、平台型组织、团组组织和圈层组织等新型组织模式不断涌现，有效地提高了企业管理、决策的效率和水平。互联网设计院的出现、信息技术与设计的结合、数字化管理平台的建设等，都对工程勘察设计行业的传统运作模式产生了颠覆性的影响。企业需要紧抓这一时机，依托信息化技术推动企业数字化转型。

另一方面，随着新兴技术与工程建设领域融合不断深化，设计、咨询等单一技术服务带来的价值逐步减弱，推动产业链资源整合、创新商业模式等成为业内企业转型发展重要方向，以大数据、人工智能、区块链为主的热点信息技术产业为行业发展注入了新的活力。2017年7月8日，国务院发布《新一代人工智能发展规划》（国发〔2017〕35号）首次从国家层面强调人工智能的战略地位，对我国新人工智能发展的总体思路、战略目标和主要任务、保障措施进行了系统的规划和部署，提出到2020年我国人工智能总体技术与世界先进水平同步，并且人工智能产业成为新的重要经济增长点。2017年12月，工信部发布《促进新一代人工智能产业发展三年行动计划（2018—2020年）》，提到促进人工智能技术产业化，推动智能产品在工业、交通、旅游等领域的集成应用。同时区块链技术的大规模应用无疑会促使工程建设变革，从而产生一种全新的商业模式。在大量可信的数据面前，工程建设相关设计决策以及实施对接的准确性将大幅提高。

未来工程建设产业与智能化结合不可避免，越来越多标准化、重复性的工作将会被逐渐替代，一些创意性的工作也将通过与人工智能的结合设计企业将在工程建设产业链上聚焦更加尖端且具有高附加值的环节去创造价值，这将引发业内企业对于业务模式以及组织方式创新的深度思考。

基于服务价值提升，近几年来，有效资源整合的并购活动显得非常活跃。三五年前，行业内的并购态势是业内单位之间的并购，主要是出于行业资质和跨地域市场分割的两方面需要。近三年来，并购出现新态势，以产业链上下游单位和金融类单位并购为主，通过跨行业并购，行业内单位的股权结构和投资人发生了悄然变化。因为历史形成的固有格局，工程设计企业都是从单一市场条块分割的体制内模式开始发展，随着市场分割的逐步打破，全过程工程咨询、一体化服务的业务模式推广，需要进行跨专业、跨学科，甚至跨产业进行资源重组，形成更加接近国际工程咨询公司的模式，在专业和产业之间形成协同效应，从而产生更大的经济效益，避免因为局部产业的周期波动而对公司的稳定成长产生波动影响。

案例

上市企业通过系列收购构建业务生态体系

1 启迪设计
——打造绿色建筑整体技术服务生态

2018年启迪设计完成了对深圳嘉力达节能科技有限公司的

收购工作。交易的主要目的在于完善启迪设计在绿色建筑领域的配套服务能力及整体方案解决能力，双方希望未来能使资源进行更加有效地配置，实现"1+1＞2"的协同作用。通过收购，启迪设计增加了节能机电工程、能源管理信息化与合同能源管理业务，2018年三项细分业务合计营业收入占比达33.8%，使得启迪设计业务结构将更加丰富。公司借助资本市场平台，与嘉力达共享研发、设计、生产和客户资源，加强技术交流，提升资源的合理配置；丰富业务结构加快向绿色建筑、建筑节能领域的推进，优化布局并延伸产业链，从而加快公司的外延式发展。

启迪设计收购深圳嘉力达节能科技有限公司后，与江苏（赛德）绿建中心共同打造了绿色建筑节能咨询、策划、设计、改造、后期运维及能源管理的整体技术服务产业链。同时，嘉力达在2018年也交付了首批预制机电管道产品，并运用到地铁工程中，在节能装配式建筑机电系统领域实现了设计、生产、装配一体化的突破。通过预制装配式机电系统产品的一体化，将绿色节能整体技术服务板块推向更广阔的市场领域。

2 中衡设计
——通过投资兼并收购，进军数字云计算平台

间接入股UCloud（上海优刻得信息科技有限公司）。优刻得是国内顶尖的公有云服务商，自主研发并提供计算资源、存储资源、网络资源等企业必需的基础IT架构服务，并深入了解互联网、移动互联网、传统企业不同场景下的业务需求，提供全局解决方案。依托位于在莫斯科、圣保罗、拉各斯、伦敦等全球部署的32大高效节能绿色数据中心，以及北、上、广、深、杭等全国

11地线下服务站，UCloud已为近4万家企业级客户提供服务，并且UCloud正处于IPO关键准备期，有望成为第一批在科创板上市的企业。随着工程勘察设计行业数字化转型的不断深入，中衡设计对于UCloud的间接入股也被看作是中衡设计进行数字化转型的初步试探。

3　AECOM
——联手复星资本，打通交通产业链上下游垂直通道

AECOM与总部位于上海的复星集团旗下的星景控股签署战略合作协议，并在中国境内成立合资公司，共同推进国内基础设施产业的投资策略落地，专注于TOD（Transit-oriented Development）公共交通导向的项目开发，包括轨道交通沿线站点、市政综合体等项目的总体策划、规划、设计和开发建设。

AECOM与复星的强强联合，二者多元化、强融合的资源整合，有助于快速打通相关产业链上下游垂直合作的通道。根据双方签署的战略合作协议，合资公司成立后将组建专项小组，积极整合双方在大中华区的业务资源，并推动多个储备项目的深度对接。AECOM联手复星成立合资公司，在TOD项目中进行探索，体现了"智"本和"资"本的有效结合，未来不同商业生态之间的融合将会进一步加剧。

2.1.2　系统观：行业从过去单个发展生态系统走向全方位、多层次的生态系统

未来要从行业生态角度，用产业的眼光来思考行业发展问题。在这种

思维与发展逻辑下，很多事情仅靠一家单位是不可能完成的，需要行业内单位和行业上下游单位共同合作。系统化发展运作导向的复杂化需要资源与能力的多重组合，从生态的角度思考问题，通过升维筹划，过去的竞争对手未来可能是伙伴关系，在未来的发展中找到自身在商业生态系统中的价值，确定用户思维、运营思维、产品思维和价值思维。

重新定义系统化发展导向，建立起平台导向、专业导向、价值导向、经营导向、技术导向的创新发展体系。未来系统看待企业的发展与管理变革，构建理念、产品、思维、模式、执行五位一体的系统管理与变革理念，有机整体地看待企业发展。

首先，理念层面——理念是企业发展一切问题的本源。未来推进设计单位发展的理念主要体现在经营理念、价值理念与资源理念三个方面。经营理念，不是单纯的拿项目、做项目，而是去深入思考企业如何富有生命力地可持续发展；价值理念，则是要从设计单位作为现代服务业的本源出发，即对自身服务的价值衡量、为客户创造的价值思考；资源理念，重新审视设计单位的核心资源到底是什么，突破原有的资源理念，从资源的整合广度与深度方面着力。

其次，从思维层面进行创新，设计单位的思维创新很大程度上体现在平台思维、产业思维与变革思维三个方面。以平台思维来思考与观察新的商业生态。产业整合、跨界融合将成为未来经济生活中的常态，唯有确立产业思维、适度弱化设计单位已经习惯的行业思维，才能在新的产业转型中占据主动权。"想得到与做得到，中间往往隔着一场修行"，很多转型升级的构想难以落地，往往是因为设计单位缺乏变革思维与变革行动力。

第三，从模式层面进行审视，模式层面的问题核心包括业务模式、组织模式与治理模式三个方面。业务模式是一个内涵非常丰富的命题，既包括业务领域、业务形态的界定，也包括盈利模式的定位。盈利模式是其中的核心，设计单位如何从原有"技术+劳务"型的模式，走向"技术+管理"型的模式，乃至"技术+管理+资本"型的模式或立足商业生态构建的平台模式。作为智力密集型的组织，如何有效整合好内外部资源，进而有效地满足客户需求，产出有价值的服务，是需要科学合理的组织模式来保障的。作为"人本性"特点非常明显的行业，处理好货币资本与人力资本的关系，则是设计单位治理模式需要不断创新提升的领域。

第四，从产品层面进行分析，产品是设计单位发展的外部体现。设计单位的产品层面的问题包括服务维度定位、服务形态、服务方式等三个方面。所谓的维度定位是指立足于工程建设全生命周期服务中的广度、深度与宽度的界定问题；在服务形态方面创新突破、实现以价值服务为内核的形态多样化。能赢得未来市场的企业，一定是能够前瞻、准确地把握客户需求，并通过资源整合实现客户价值，进而谋求企业的商业价值。这就是工程勘察设计企业越来越需要关注的产品化能力。企业拥有市场、客户需求挖掘能力，找到客户需求之后，还需要筛选核心需求，进而据此开展产品策划工作，最后有推进产品的实现能力。

最后，企业能够从执行层面进行思考研判，执行是让思考变成行动、让战略落地的根本保证。领导力、团队文化、流程化3个要素支撑了设计单位执行的基本框架。企业要拥有较强的变革领导力，"知易行难"是设计单位转型升级过程中常见的问题。切实提升对于创新发展的推动是领导力提升的根本力量指向，领导者在组织经历变革时期、推动组织完成既定目标和应对挑战的过程中，激励追随者实现自我转变、引导组织变革以应对各种挑战和把握机遇的能力。其核心是要拥有企业创新思维，能够视变革为机会而不是风险，以及驾驭利益相关者的需求。营造创业、创新的团队文化，高度关注文化的凝聚力和约束力：一方面，应该强化危机意识，营造"创业"氛围，激发企业上下的热情与智慧，共同迎接挑战；另一方面，应该发扬和强化创新精神，推动商业模式创新、技术创新、管理创新，更重要的是要有"创新容错机制"，为创新留出足够的空间。

2.1.3 创新观：告别规模化发展导向，走向创新发展导向

首先，思维需要转变创新，包括业务、管理、体制和技术的创新。过去业务创新是简单服务的前后端延伸，现在要立足于解决价值提升和创造的角度推进业务升级。行业在转型中要固本求新，把本做好，抓住新机遇，这是行业转型过程中必须面临的挑战，业务模式创新最终目的是让服务有价值、价值可衡量、价值可实现。

其次，通过管理模式创新适应新业务探索发展。因为外部市场环境和从业人员就业观念已经发生变化，需要重新审视管理模式创新。近年来，组织模式平台化探索较为热门，并且逐渐成为趋势。组织创新，要利于资源集成与责任分解，能够快速适应环境，有利于新业务培育；人才创新发展，从人才管理到人才经营的思维转变，未来将要积极从关注人才的雇佣关系到人才作为资源的使用关系。

再次，以技术创新推动商业模式创新，不断提升服务价值。过去设计行业谈技术，只是当作工具。未来要把服务的产品当作资源重新连接。例如BIM技术介入管理运营可以延长服务周期，提升服务价值，带来业务创新机会，以技术创新推动商业模式创新，不断提升服务价值。

速度与创新颠覆规模优势的时代，略胜一筹才能制胜！当前行业发展的苦恼源头，来自于快速扩张之后的后遗症。在行业新生态下重新启程，洞察机遇，应对调整过程新的机遇点；在行业创新交融中，打破企业原有框架束缚，跨越发展鸿沟。

2.2

聚焦平台思维，谋划未来

商业关系正以前所未有的速度发生改变。组织、群体间缔结起复杂的竞合网络，形成了全新竞争格局，悄然改变了商业活动的游戏规则。在以分工为特征的工业时代，企业占据着社会生产价值链上一个（或多个）已清晰定义的环节，创造和传递价值的路径方向是既定的。因此，企业的成功取决于在所处环节上积累专业知识与技能，在服务过程中进行卓有成效的活动，形成核心竞争力。

进入以连接为特征的信息时代，尤其是互联网和移动互联网普及后，商业元素间的可连接性大大增加，打破了原本栅格分明的商业关系：行业边界趋于模糊，企业竞争与合作范围无限扩大，我们进入一个"无疆界"的竞合时代。

一个企业的价值，是由"连接点"的广度和厚度决定的。平台，带来的商业革命已经改写了现在及未来的企业生存法则，这股浪潮已经从互联网行业蔓延到了其他许多行业。当企业面对发展的不确定性，平台模式或许比单向产业模式拥有更强大的弹性和高度适应力。

再将目光转向工程勘察设计行业。面对未来，业内企业要运用平台化发展思维实现突破，创造新机制，达到"去中心化""去中间化""去边界化"转型，进而以平台化思维与共赢理念布局资源，构建商业生态关系，用智慧与行动将不确定性转变为确定性，把握未来发展的主动权。

平台思维，正推动互联网时代的共享经济山呼海啸般涌来；平台化发展，正在改变着行业生态。站在时代的风口浪尖上，工程勘察设计行业也须应时而变，当借"平台思维"探索发展新思路。

在这样的背景下，疏于链接的企业即使核心竞争力再强大，也可能面临被边缘化的危险。要在新的环境下生存和发展，企业须撬动自己所处商业生态的价值。可以说，发展商业生态战略，是当下时代向企业提出的新要求。

商业生态正在逐渐走向商业舞台的中央。在今天的环境下，拥有传统优势已经不能保证企业在竞争中立于不败之地。因此，探索平台化发展，主动构建、优化与行业生态伙伴的关系，营造共生、互生、再生的商业生态圈，将会成为未来商业游戏的主旋律。

平台化发展是基于价值创新的思路，探索基于多方共赢的理念，打造一个完善的、成长潜能强大的行业生态系统，能有效激励多方群体之间互动，并满足所有群体需求的平台化发展道路。

2.2.1 强化共享、开放、赋能等发展理念

"平台"不是新鲜的词语，从古代的集市到今天的交易所、各类市场，从原始的部落到当今的国家，这些组织都是平台不同的表现形式。基于平台的发展主要体现在"赋能、共享、开放"三个方面：

赋能，让决策的力量前置，激发组织活力，让前端可以全力以赴面对竞争，源源不断进行创新和变革。

共享，实现人力资源管理、财务管理、行政管理等内勤事务集中化、专业化运作，形成共享服务机制。

开放，传统概念上的"资质"不再是建立协作关系的决定性因素。这意味着无论是大企业还是小企业，甚至是个人都有可能借助平台获得协作机会。

强化"赋能、共享、开放"发展理念。未来行业内企业发展层次将更加丰富化。平台化发展，不代表企业都去做大而全的平台，而是能够基于平台化思维打造自身的能力体系，进而进行占位与布局，凸显自身的核心发展竞争力。企业可以基于平台理念形成模块化服务提供者，或者专业化服务提供者，或者垂直化深度服务的整合者，或者多产业链整合服务的提供者——成为整个行业生态系统的推动者。

平台具有"灵活前端""强大中台""富生态"的特征。

"灵活前端"——让听得见"炮声"的人来作决策，前端业务直接面对消费者和市场，需求就等于客户，直接面向需求端。

"强大中台"——前端灵活强大，特别需要功能越来越强大的中台支撑，才不会导致资源重复和浪费，并且获取资源的成本最低。

"富生态"——前面两块都强大起来，也特别需要出现各种各样的行业生态角色来支撑，他们起到了主体作用，也许是帮助"强大中台"更好服务"灵活前端"，再通过"灵活前端"更好服务市场和消费者。"大平

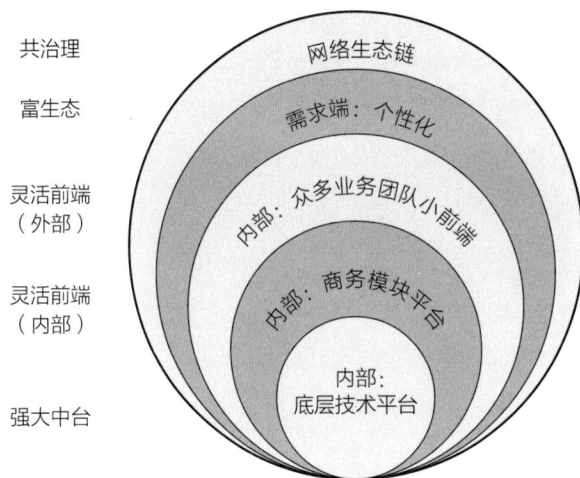

图2-2 企业平台化发展特征

台+小前端"的体系运转，呈现出很强的灵活性，"小前端"走向小微化乃至个人化，让具有开拓、创造、创新的能力得到充分施展。

2.2.2 比平台化战略更重要的是平台思维

构建网络产业价值链。摆脱传统思维，摒弃产业链单向垂直流向的看法，用平台视野来看待产业链，简化价值链流程，构建网络产业价值链，重新定义与界定"客户"，使多方属性的"客户"能够集聚在一起，从而构建起关系网络，实现价值创造与增值。

改变盈利的着力点。重新审视企业盈利的关键点，传统的设计业务盈利在减弱或者面临的同质化竞争较为激烈，部分企业调整商业模式，设计业务已不再作为关键的盈利业务，而是从客户新的需求与传统服务之间的链接处寻找新的盈利契机，重新界定企业价值创造和价值分配环节。

建立商业生态系统，打造多方共赢生态圈。平台的核心在于构建新的商业生态系统，多方群体能够在商业生态系统中寻找到自身的价值，实现共赢的局面。跨界整合，建立共赢机制，协同工程建设产业链或相关产品的上下游资源，甚至同业竞争者的利益，一起设计商业生态圈新规则，提供用户整体解决方案。未来行业内企业发展层次将更加丰富化，真正的转型是基于价值创新的思路，探索基于多方共赢的理念，打造一个完善的、成长潜能强大的商业生态系统，它能有效激励多方群体之间互动，并满足所有群体的需求的平台化发展道路。

注重开放性与延展性。平台具有开放性与延展性的特征，当前企业的发展不应该被行业的边界给束缚，不但要关注企业自身，还要关注企业周边的发展，吸纳和融入多个商业生态系统。

生态系统
推动者 · 生态圈的主导

多产业链
整合服务 · 对商业模式系统思考

垂直化深度服务 · 探索垂直化服务

专业产品服务提供 · 集中内部资源，提供深度服务

模块化服务提供 · 形成各业务单元，经营重心

共享　　　　　　开放　　　　　　赋能

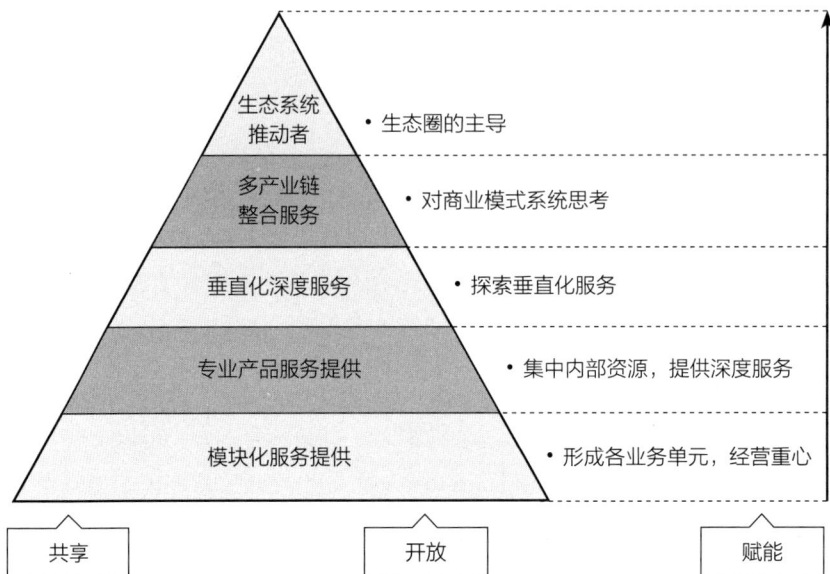

图2-3　平台化发展思维下企业发展模式

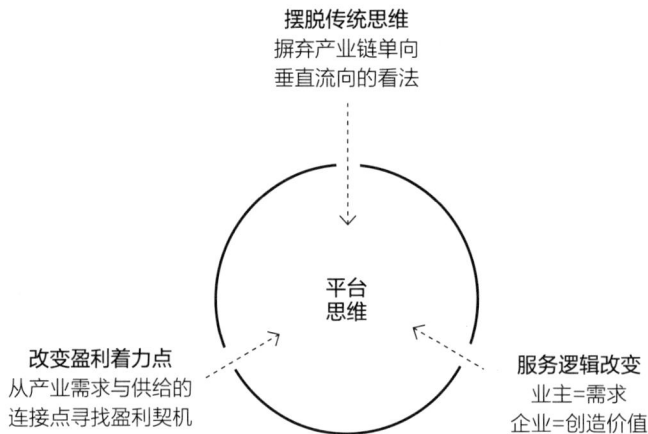

摆脱传统思维
摒弃产业链单向
垂直流向的看法

平台
思维

改变盈利着力点
从产业需求与供给的
连接点寻找盈利契机

服务逻辑改变
业主=需求
企业=创造价值

图2-4　平台思维特征

2.2.3　平台化的本质是商业模式创新

建立平台化发展思维，改变产业链单向垂直流向的看法，从建立网络生态链的角度来看待企业未来的发展，构建、优化与合作伙伴的生态关系，营造共生、互生、再生的商业生态圈；改变盈利着力点，重新界定企业业务价值链以及核心业务，从产业需求与供给的链接点寻找盈利契机；改变服务逻辑，积极主动去适应需求、策划需求，以需求端引导企业服务模式创新。

为积极应对市场的变化，企业更加需要以客户为中心，通过各种举措充分了解市场需求，与客户共同创造价值；同时，在新技术的作用下，企业内外部的边界越来越模糊，无论是内部还是与新商业生态中的利益相关者间，其协同越来越频繁……这些都对企业经营运作提出了新的变革要求，平台化发展成为新的管理理念下的一种探索方向。

要想在未来新商业生态中占据一席之地，第一步就是确定在这个基于平台的世界里自身所能实际扮演的角色是什么，即"明晰占位"。

平台推动者——负责建造及拥有构成行业基础的大型中心；

平台参与者——利用平台来提供产品和服务，以吸引客户；

平台增强者——在平台上开发新技术/新模式，把推动者和参与者作为主要客户对象。

处在新商业生态深刻变革的大潮中，对于企业而言，创造新价值的机会来自于两个方面：一是对客户需求的洞察，二是业务设计。其中蕴含了4种创造价值的商业模式（见图2-5）。

专业服务提供者——相对传统的"以我为主"的服务被动供给，容易受到价格压力和集成服务的冲击影响，确保企业自身经营运作尽可能高效仅是治标之策，必须考虑谋求差异化优势、避免陷入同质化竞争的漩涡。

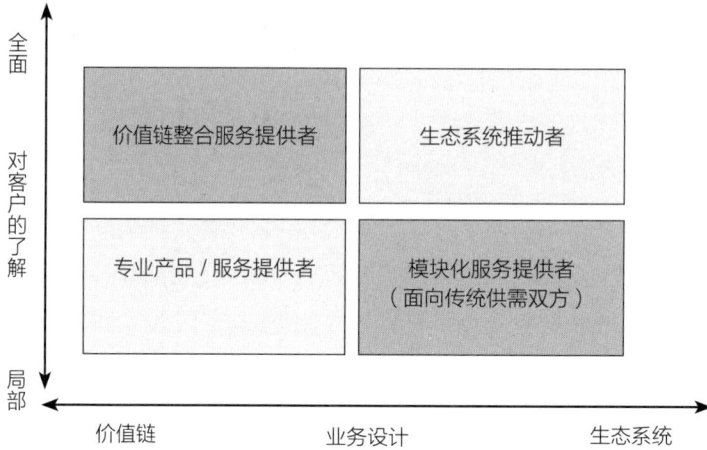

图2-5　四种价值创造商业模式

价值链整合服务提供者——基于对客户一体化、集成化需求的洞察，打造和完善综合体验，从而留住现有客户，吸引新客户。

模块化服务提供者——凭借对市场供需双方的需求了解，搭建双边市场，建立渠道服务能力，同样也面临着产品/服务创新、价格竞争的冲击。

生态系统推动者——既深入了解客户需求，又有广泛的资源基础，充分整合商业生态利益相关群体，为客户提供集成、无缝服务体验，不仅销售自己的专有产品和服务，还销售整个商业生态系统上其他提供商的产品和服务。因而，它们为自己创造了价值，同时也向其他的专业服务提供者获取收益。

案例

1　中国武汉工程设计产业联盟综合设计平台化打造

武汉市工程勘察设计行业发展较早，继承了中华人民共和国成立初期的产业布局优势，基于促进产业升级和服务模式创新的目的，"打造工程设计之都"的工作要求，建立起以区域为依托的设计企业合作机制，并打造区域整合平台，成立了中国武汉工程设计产业联盟（后文简称为：联盟）。

联盟强化以联合和创新的方式整合产业链，创新探索"综合设计"服务模式，通过整合武汉工程设计产业各方面的优质资源，为城市建设和重大项目建设提供综合解决方案。综合设计模式是以价值创造为导向，以集成创新为手段，通过集合行业内各

综合设计平台

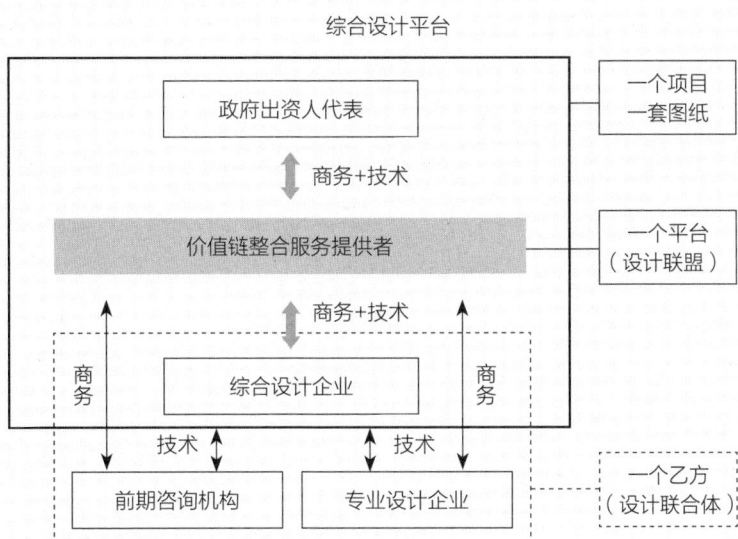

图2-6　中国武汉工程设计产业联盟综合设计平台示意图

方面优质资源，能够解决多个专业领域设计协作问题，实现整体资源的优化配置，从而优化了项目经济效益。

综合设计遵循"一个平台（设计联盟）、一个乙方（设计联合体）、一个项目一套图纸"发展理念，让设计回归本质，降低交易成本，优化资源整合。

"一个平台"是指设计单位在联盟作为牵头单位搭建的平台之上实现资源自由对接，通过整体规划、综合设计、统一建设，将传统模式下的分散设计建设组织起来，变成统一、系统性管理，实现整体资源的优化配置。

"一个乙方"是指无论综合设计联合体单位数量多么庞大，有且仅有一家设计单位作为综合设计联合体的代表与业主签订合同，其他单位在同等地位下协同开展工作，充分发挥出项目总体的综合管理效应。

"一个项目一套图纸"是指在追求项目整体最优的前提下，将所有问题的解决都通过协作在一张图纸上显现，是对传统分段式管理建设模式下局部最优的提升和优化。

目前综合设计在武汉市已经得到了广泛的认同，并鼓励重大政府工程项目均采用综合设计模式。从最早的武汉建设大厦到14平方公里的上海通用武汉产业园，以及超3平方公里的武汉园博园项目全部都是一次性设计，时间效益、社会效益、生态效应都获得了政府极大的好评。现正在通过在武汉市中心城区、商业园区、公园、老城区改造，既有建筑改造等领域进行探索与实践，形成完整的模式，为我国新型城镇化进程中的建设提供多种路径。未来综合设计很可能走出武汉，走向全国，在更大的范围内搭建资源对接平台，成为大型综合工程项目主流的设计方式之一。

2　中信工程设计建设有限公司资源平台打造

中信工程设计建设有限公司（后文简称为：中信工程）在国家大力推动新型城镇化建设的背景下，定位是"发挥中信集团的品牌、金融优势和协同效应以及两院的专业技术优势，以技术与人才为依托，以投资带动，聚焦于新型城镇化和生态文明两大领域，做强勘察设计，做大工程总承包，致力于成为基础设施及生态环保领域的一揽子解决方案的提供商和行业领导者"。积极鼓励推行工程总承包，通过业务发展模式整合进行业务创新的方式。

中信集团在PPP项目运作过程中，整合多方资源，专业优势互补。一方面，银行参与项目咨询、项目撮合、项目融资三个

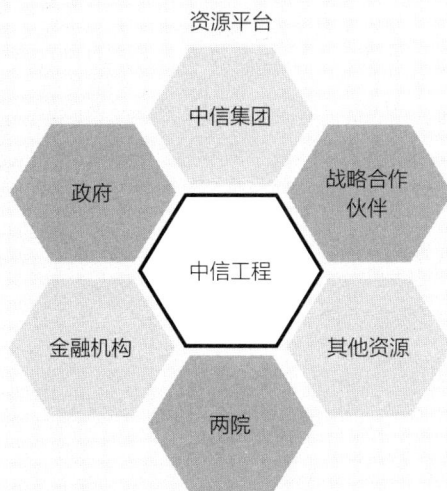

（注：两院为中信建筑设计研究总院和中南市政设计院）

图2-7　中信工程资源平台

层面。在项目融资方面，中信银行能够提供项目融资、银团贷款、并购贷款、股权投资、对接险资、保理融资、租赁保理、理财融资、项目收益票据、永续债等产品，发挥渠道作用，积极对接各级财政部门业务需求，通过"境内+境外、投行+商行"模式提供全面金融服务。另一方面，联合集团内专业突出、实力雄厚的相关单位组成中信PPP模式联合体，将后续的设计建设等相关工作完成。

2.3

重塑价值链

行业发展面临新生态。目前面临的发展困境与困惑根源在于新的形势下，工程勘察设计企业的价值服务体现方式发生改变。过去服务都是任务导向型，进入行业靠着资质门槛，收费有国家标准。这些都在松动和淡化，服务的价值到底如何体现是需要深入思考的命题。

当前行业内企业进行的转型，往往体现为三种状态：转移、转性、转场。这三种状态都是延续过去"一业为主、两头延伸"的发展思路，进行区域市场的拓展扩张、产业链条上的前后延伸，或者跨行业的平面式业务拓展逻辑。在新的环境下，企业业务模式创新探索转型的理念和逻辑，是基于价值可衡量、价值创造、价值服务的"设计+"的服务创新思路。

2.3.1 生态构建，有机进化

1）理性面对行业边界的改变

行业的边界不断模糊，商业模式创新步伐加快，推动着行业内企业业务构成的多样化，对企业的战略方向、经营体系、资源体系都带来了新的要求和挑战。行业发展面临新的商业生态。

在新的商业生态下，企业发展的规则将发生巨大变化，企业的资源体系也将重新定义，未来的竞争将是商业生态系统之间的竞争。商业生态系统是围绕核心产品和服务形成的，包括企业本身、供应商、分销商、外包服务公司、融资机构、关键技术提供商、互补产品制造商、竞争对手、客户、监管机构、媒体和相关的政府机构等生态系统中的物种以及物种间、物种与环境间纵横交错的复杂系统。商业生态系统思想的核心表现在两个方面：一是否认了企业之间全是你死我活的斗争，而是共同发展，相互依赖，协同进化；二是企业间竞争已经扩展到不同商业生态系统之间的对抗。

在市场竞争加剧、市场空间收窄的双重作用下，越来越多企业已经显现出单兵作战的疲态，并且发现合作不失为应对困境的有效举措。从简单的单一项目合作到业务层面联合，再到统一的战略联盟，行业内呈现出合作与竞争并存的局面。工程设计企业必须转变传统的思维方式和发展逻辑，通过有效链接、信息共享、充分协作和资源整合，改变原有产业链割裂、孤立、低效的问题，形成协同进化的完整、高效的商业生态系统来应对未来的竞争，进而实现可持续的共同发展。随着商业生态系统的建立，工程勘察设计行业作为专业技术服务业，应立足企业核心竞争力，找准在商业生态中的生态位。企业生态位就是指企业生存和发展所需要的所有资源的总和。企业在商业生态系统中可以占据不同的生态位，生态位的重叠会导致竞争。因此要寻找差异化发展策略和生存的技巧，找到最能发挥自身作用的位置，找到属于自己的生态位，不仅能够减少竞争，同时能够利用不同生态的差异性带来更多的创新可能。

从业务层面来看，跨行业、跨区域以及产业链上下游企业间合作已经成为促进资源集成整合的常见手段。从参与主体来看，政企合作、校企合作形式已经屡见不鲜，尤其是在新型城镇化建设进程中，旧城改造、城市综合地下管廊等新兴领域特别需要政策、技术、资金的支持，政府、企业、高校、研究机构等各方主体将为此展开深度合作。从产业层面来看，产业联盟无疑是企业联合发展的一大升级，它能集多家企业优势力量打造面向工程建设全生命周期的价值服务链。联盟成员间实现市场信息、政策共享，积极沟通合作，分工明确，各展所长，为综合设计、共同研发等新型合作模式提供了保障。

2）构建共生的开放商业生态体系

国家推进市场一体化进程不断加深加快，为跨区域发展逐步扫清障碍，全国化布局成为大中型工程勘察设计企业的选择。现实中，很多行业内单位还是通过传统的分院制模式进行区域化拓展，传统分院模式不能有效整合集成内部资源，甚至有相当一部分是"挂靠"模式，难以完整体现企业整体的资源与能力集成优势。近年来，"业务板块化"与"区域中心化"成为很多企业解决业务联动、区域协同的主要抓手。相关细分行业发展的不均衡以及投融资体制的改革，跨领域发展成为扩张的重要探索途径，这重点体现在市政、环保等基础设施建设领域。

我国城市发展已经进入全新时期，新型城镇化发展更加强调"产城人文"的有机结合，"产城融合、产城共生"不仅将创新全产业链联动的盈利模式，更为工程勘察设计企业跳出行业，面向城市空间中人类生产生活方式改变提供专业服务开创了全新的商业空间。行业内的一些单位已经进行了有效的探索，例如：深圳市建筑科学研究院股份有限公司面向公众开发绿色人居环境技术服务的"HOME+"业务、苏交科集团股份有限公司开发的桥梁信息管理系统及智慧停车平台、智慧旅游系统等。

构建共生的商业生态体系，不仅是行业内企业抢占市场热点的主动突围，更是立足城市与产业融合发展的新商业生态进行的积极布局，将有助于工程勘察设计企业实现从项目式盈利模式向产品化、产业化的盈利模式创新转变。

从业务角度来讲，设计单位业务层次越来越清晰，过去行业条块明确，业务模式同质化，形成以区域、行业为界限的业务分类，未来行业的业务发展将会呈现专业化、一体化、集成化、系统化、垂直化的发展趋势。企业之间从竞争到共生共赢，随着市场化程度的提升，有些业务靠一家单位来做很难，需要思考如何真正建立互生共赢。未来行业边界将会变得更加模糊，形成系列产业生态链。例如在建筑设计这块，能力要求的关键在前端策划以及招商运营统筹，这需要一批单位来协同完成。如果具有运营能力，就能形成商业生态圈，其他企业自然会被吸引过来。将来生态圈谁来主导，这是设计单位面临的重要选项。过去是典型的任务导向，将来要强化产业链的筹划、策划能力，积极创造项目。创造项目本身就有对产业链的布局，从关注企业到关注企业周边，构建商业生态优势。

工程建设商业生态系统中的核心企业位于系统中枢，通常是工程建设核心价值链上具有工程总承包资质的企业。这类企业规模较大、实力较强，其业务范围一般涉及从勘察设计到建筑产品交付业主的整个过程。核心企业通过与业主直接沟通确立总包关系，集成、整合系统中其他成员的服务能力来满足业主的需求，通过提供创造价值的经营性"平台"，核心企业为工程建设商业生态系统创造了行之有效的价值创造途径。同时核心企业还通过发包、分包等形式积极与工程建设商业生态系统中的其他企业分享价值。

此外，工程建设商业生态系统中还有另外一种类型的企业，即缝隙型企业，其占据了工程建设商业生态系统的大部分空间并成为主体。缝隙型企业在工程建设商业生态系统中通常是一些专业的造价咨询、招投标代理、技术服务、管理服务、劳务外包服务等企业，一般规模较小，以高度专业化的态势专注于狭窄的细分市场，它们在核心企业的组织下分工协作，其对工程建设商业生态系统存在天然的依赖，承担整个系统相当部分的价值创造和创新职能。

竞争对手是工程建设商业生态系统的有机组成部分，一方面通过良性竞争促进商业生态系统的效率和健康度；另一方面，竞争者也是合作者，通过联合研发、共同制定行业标准等方式推动工程建设商业生态系统协同进化。

与传统价值链视角下低成本、差异化、集中化的竞争战略选择不同，基于商业生态系统思维的竞争并不排斥合作。工程建设企业以往的策略往

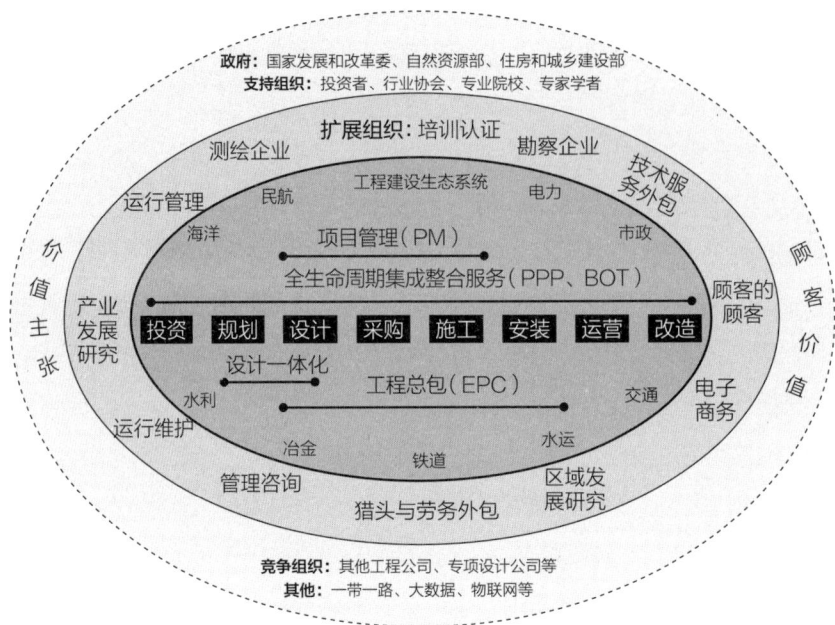

图2-8　工程建设商业生态系统

往是补足短板以进行竞争；而在商业生态系统视角下的策略则是扩展长板，在工程建设商业生态系统中占据生态位优势，并利用长板与其他企业进行合作。

要在开放式商业生态环境下构筑企业生态体系。在开放式商业生态下思考企业业务、体制、组织和资源。

业务：原有业务影响深远，用传统延伸逻辑去思考新业务是行不通的。在价值链重构下，对接产业生态，培育新的业务模式。

体制：不同企业面临的体制问题不尽相同，未来体制因素对行业的影响还将持续发酵，如何建立科学的治理体系？管控的边界如何界定？

资源：行业人才流失现象在加剧，如何在企业人才与行业人才之间进行有效的切换？如何建立开放型资源平台，发挥人力资本价值，真正做到共建共享？

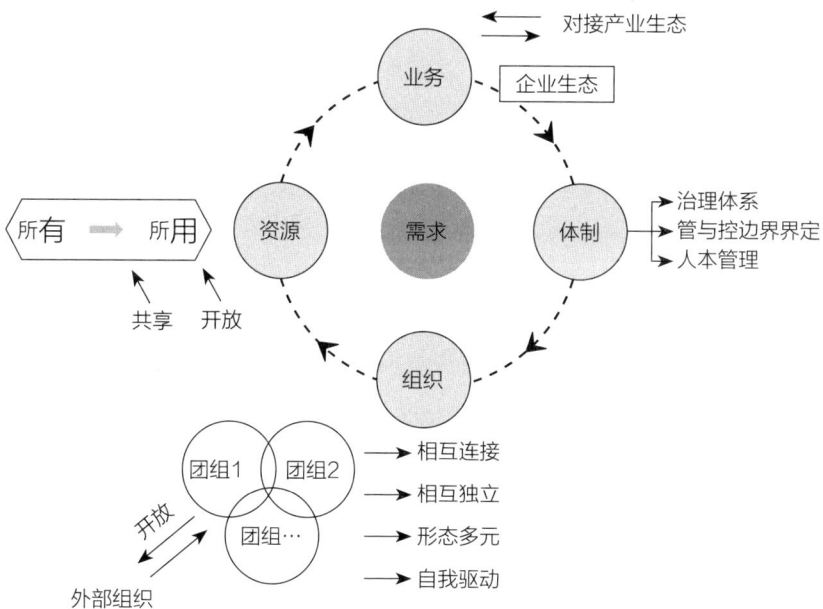

图2-9　工程勘察设计企业生态特征

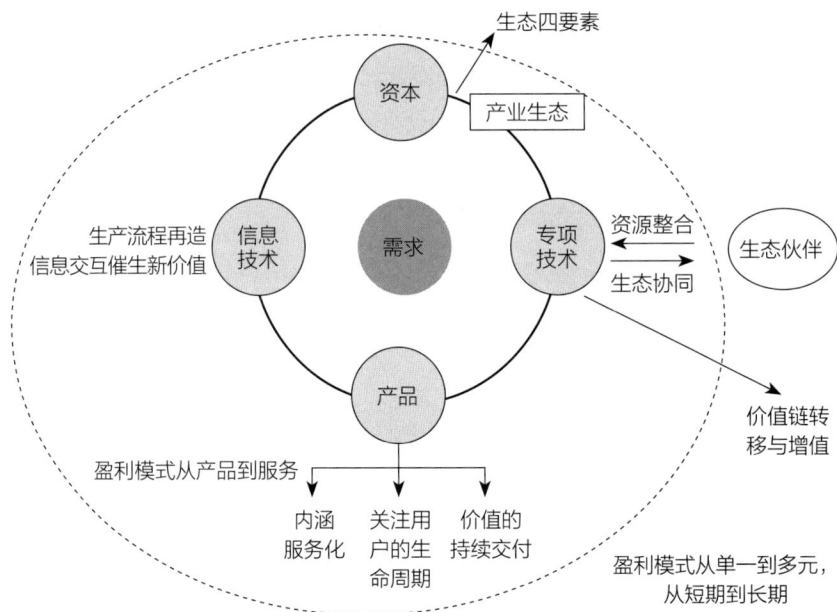

图2-10　工程勘察设计行业面临的产业生态特征

组织：组织如何实现团组化运作，打通与外部的联系，真正做到相互连接，相互独立，形态多元和自我驱动。

通过产业生态的融合推动商业模式创新，催生多元化发展。进入新时代，商业模式的重要性已经不言而喻，立足整个商业生态系统，设计企业需要以"本源"核心竞争力为基础，嫁接新内容，探索突破式创新。再者，有效推进内外部资源的良性互动，既要从内部审视企业管理、资源、组织与战略契合，打破路径依赖；也要实现对外部资源的整合，达成生态协同、有机进化。

过去行业内的价值链流向单一，随着动态、多边市场的构建，基于市场需求的变化，通过资本、专项技术、信息技术、产品与外部生态伙伴不断关联。产业生态融合不断加剧、开放融合的背景下传统的商业模式被打破，引发行业内企业对新型商业模式的探索，这个过程也是价值重塑的过程。

案例

混改企业战略投资引入呈现行业生态融合趋势

混合所有制改革是当前勘察设计行业的热点之一。从近几年勘察设计企业成功完成混改的案例来看，在战略投资者的选择上总体呈现产业资本和金融资本并举、传统业务与新兴技术相结合的特点，从一个侧面反映了勘察设计行业生态融合发展的大趋势。

勘察设计企业混改引入战略投资表的主要类型及方向　　表2-1

战略投资者类型		关注点	典型企业
产业资本	产业链上下游	产业链上下游资源的协同与互补	产业链上游：投资、市场等 产业链下游：施工、设备、运营等
	产业链横向	资质、品牌、技术、人才、管理等要素的协同与互补	勘察设计企业
	新兴技术	引入信息技术、生态环保人工智能等促进产业升级	互联网企业、大数据企业、生态环保企业
金融资本		投融资渠道、上市	金融类集团，如银行、券商、保险、股权投资公司、基金等

近1~2年完成混改的部分勘察设计及相关行业企业案例　表2-2

企业名称	混改后股权结构
深圳市综合交通设计研究院有限公司	深圳投控40%；深圳天健18%；深创投12%；员工30%
深圳市城市交通规划设计研究中心股份有限公司	深圳投控40%；启迪、联想、高瓴资本10%；员工30%

企业名称	混改后股权结构
深圳市水务规划设计院股份有限公司	深圳投控50%；深高速15%；深圳水务10%；铁汉生态5%；员工20%
中铁工程设计咨询集团有限公司	中国中铁70%；新华联6%；比亚迪4%；员工20%
上海市建筑科学研究院（集团）有限公司	现有三家国有股东合计75%；上海城投10%；宝业集团10%；北京信润恒5%
北京构力科技有限公司	建研科技65%；启迪设计10%；员工25%
江西省招标咨询集团有限公司	江西国资52%；华建股份34%；大象投资14%

从上面引战类型和案例分析，勘察设计企业在战略投资者选择上有以下主要关注点。

关注新兴业务领域的开拓。当前勘察设计企业选择战略投资者更注重战略性新兴业务的培育而非传统业务的市场资源。以中铁工程设计咨询集团有限公司为例，引入比亚迪更多关注的是看好比亚迪云轨技术带来的新型轨道交通市场机会；又比如上海建筑科学研究院（集团）有限公司引入宝业集团，关注的是在装配式建筑市场领域的大力开拓。

关注全过程咨询能力的打造。全过程咨询是国家大力鼓励发展的服务模式，勘察设计企业引战也有不少是着眼于全过程咨询能力的打造。以江西省招标咨询集团有限公司为例，引入上海华建集团的核心目标就是进一步打造提升全过程咨询服务能力。

关注借力新兴技术改造传统业务。引入生态环保、互联网、大数据、人工智能等新兴技术，改造升级传统工程勘察设计业务是当前行业内业务转型升级的一大趋势。以深圳市城市交通规划设计研究中心股份有限公司为例，通过引入启迪控股和联想集团，核心目标就是借助其在智慧园区运营、大数据等方面的经验与能力，助力自身在智能交通领域的发展。

关注引入金融资本类战略投资。勘察设计企业的业务转型升级对企业融投资能力要求日益提高，混改时引入金融资本类战略投资也逐渐成为一大热点。以深圳市城市交通规划设计研究中心股份有限公司为例，在混改时引入了高瓴资本，不仅有利于促进企业投融资能力提升，对未来上市也将起到积极促进作用。

综合上述特点来看，当前勘察设计企业混改中引入的战略投资者，已经呈现出跨产业链、跨行业、跨业态的更加多元化趋势，与行业生态融合发展的大趋势非常吻合。在行业生态融合的大趋势下，勘察设计企业需要重新审视未来的战略选择，积极应对新需求、新技术发展带来的产业革命，顺势而为，构建企业的有机进化之路。

案例

苏交科共建智慧交通生态，打造智慧交通中综合解决方案

江苏省交通科学研究院股份有限公司，后简称"苏交科"在智慧交通领域制定了"定战略、搭班子、做方案、建生态"的完整规划。未来，苏交科将智慧交通定位为核心业务，并将充分发掘苏交科在交通领域的核心能力形成核心竞争力；持续引进外部关键核心技术、行业专家人才；整合苏交科现有内部相关资源，组建核心团队；构建智慧公路综合解决方案；建设交通行业专属的基础设施资产管理云平台，打造行业级解决方案；与IBM等智慧交通顶级智囊广泛合作，打造中国智慧交通技术高地；协

同软件公司、高校等社会第三方外部资源，取长补短，构建多种模式的协同合作网络。

苏交科现将智慧交通定位为核心业务，将在交通领域的原有核心能力与信息化技术结合形成核心竞争力。苏交科近年来持续引进外部关键核心技术、行业专家人才；整合苏交科现有内部相关资源，组建核心团队，并成立未来交通研究院与综合交通运输大数据研发中心；苏交科正积极构建智慧公路综合解决方案以及建设交通行业专属的基础设施资产管理云平台，努力打造在智慧交通领域中的行业级解决方案。

2.3.2 创新价值创造思维与逻辑

设计单位"普遍式增长"的时代已经一去不复返，行业目前发展面临的问题不仅是由于市场的周期性调整所致，同时更是传统服务模式、价值创造模式的终结。设计单位需要构建以客户需求为核心的服务模式。原有商业生态是静态的、行业边界非常清楚的模式，现在是动态的、行业交融的模式。当前，行业新生态推动了企业运作逻辑的变化。

战略决策从最优到最适合，过去设计企业同质化竞争激烈，企业制定战略决策往往以竞争对手为参考，随着行业生态的多样化，企业在制定战略决策时更多从自身出发，结合优势资源以及客户需求，制定最适合企业自身发展的战略；创新从独立自主到群体创造，更加发挥企业内部人员的主观能动性；适应外部环境变化从被动到主动；构建价值网络运营模式；打造资本运作能力；与业内企业构筑共生关系，从甲乙方客户关系中超脱出来，与客户构建伙伴的关系，共同构建商业生态，创新商业模式。设计企业的运作逻辑变化的核心是必须回归客户需求，构建资源整合协同能力，强化一体化服务能力，实现价值创造。

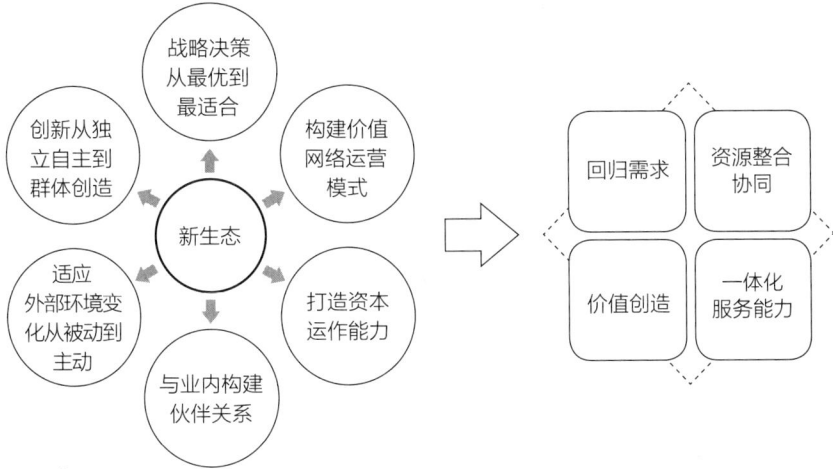

图2-11　行业新生态下发展新要求、新特征

1）设计的价值产业链转移

商业环境发生变化，形成了一个动态、多边、行业交融的市场，行业之间界限越来越模糊，行业与产业之间的壁垒正在破除。设计企业已经深刻感知到外部环境的变化，正在主动转变发展思维，积极探索业务创新，工程勘察设计行业的业务模式呈现出多元化发展的态势。现在整个行业绝大多数企业都面临可持续发展的挑战，面临业务发展可持续的压力，怎么让业务可持续？增长的未来空间在哪里？结构调整的方向在哪里？

经济新常态下，国家在大力推进供给侧改革，以此逻辑思考，勘察设计行业的供给侧改革问题显得非常迫切。面临新环境下供给与市场需求不匹配的问题，勘察设计行业供需矛盾主要在业务模式方面，提供的产品和服务的价值传统、老套，供给存在同质化、单一化、低值化的特点，而需求侧则对于专业化、一体化、综合化提出越来越深刻的要求。

2014年住房和城乡建设部接到国家发展改革委《关于放开有关领域

服务价格意见的函》，拟对工程勘察设计服务价格逐步放开，实行市场调节价，取消政府指导价。之前，勘察设计行业执行的收费标准是原国家计委、建设部计价格〔2002〕10号文发布的《工程勘察设计收费管理规定》。随着市场更为成熟后，全面放开工程勘察设计价格，实行市场调节，对于设计企业而言应思考未来设计的价值到底如何来实现。

未来设计的价值体现载体将是设计企业竞争的核心焦点问题，过去设计服务的承载方式有问题，价值没有办法有效衡量和实现，未来设计的价值载体也牵扯到产业链的变动，整个价值的体现在产业链上发生了漂移，从前端向更前端以及后端转移，另外在无边界的情况也会以其他方式进行体现。

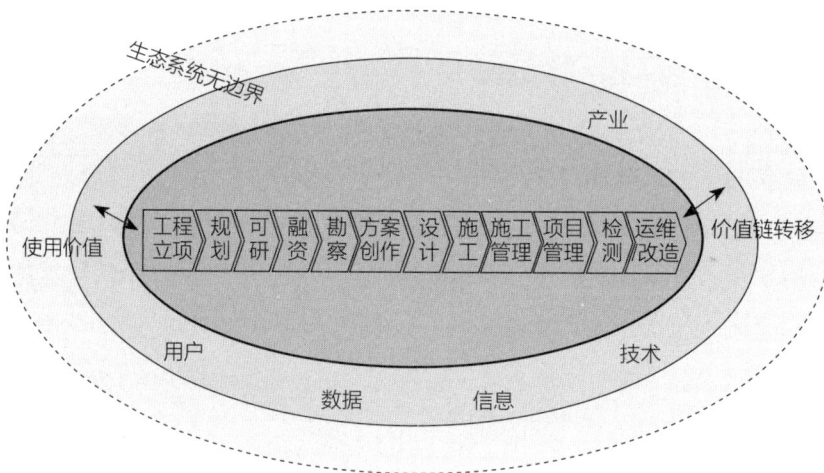

图2-12　行业生态价值链转移

2）固本求新，不断追寻价值

在平台化大生态系统下设计的交互关系会进一步加强，过去设计作为单一模块，未来设计必然会和其他形式相叠加，产生各种组合。过去一直谈业务创新，努力去做探索，如何通过业务布局提高价值，现在面临的焦点问题是在原有业务做好的基础上布局新业务，新的业务往往需要新能力，在此找到平衡，包括内部架构方面都要考虑重新布局。

设计单位作为专业服务机构，发展根本就是回归价值创造。从过去关注客户到关注用户，在此背景之下，投资模式、互联网、产业转型、技术创新以及人文变化等因素变化，在这个界面下找到价值定位。通过自身经营方式、资源整合、服务诉求、竞争要素、盈利模式等进行革新调整。过去都是小修小补，未来是要从系统层面谋划整个命题。

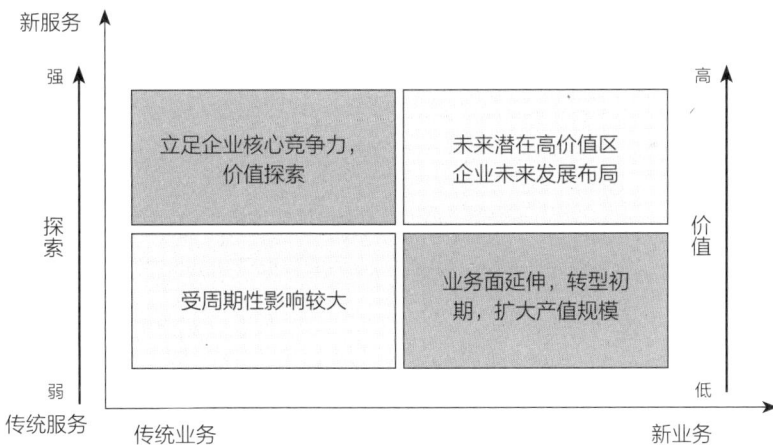

图2-13　工程勘察设计行业业务与服务转型象限示意图

案例

城市更新需求下工程勘察设计企业价值创造模式创新

目前我国工程建设模式在新一轮投资体制改革带动下发生了根本性变化，过去"大拆大建"的粗放式发展没有表示出对人类生存环境应有的尊重，产生出城市综合服务功能有限、区域布局不合理、生态环境恶化等诸多负面影响，于是推崇集约式发展的城市更新服务成为关注热点，尤其是在新型城镇化建设进程中，旧城改造、海绵城市建设、地下综合管廊建设等领域都体现出以人为本，追求质量的服务理念。深圳市城市更新处于全国前列，并设立深圳市城市更新局，统筹推进全市的城市更新工作。

对于工程勘察设计行业而言，城市建设方式的改变引起服务模式的重大调整，设计方、政府以及业主三者的关系将被重新定义，以城市居民为代表的业主地位明显提升，未来将有权利参与城市更新决策；而设计企业将以专业化的思考、系统性的视野探索新型服务模式，在政府、业主以及其他相关主体间找到价值平衡点。

深圳市建筑科学研究院股份有限公司
——聚焦绿色生态城市建设运营体系建设

深圳市建筑科学研究院股份有限公司（以下简称"深圳建科院"）是一家深圳市高新技术企业，其前身为1992年政府获批设立的深圳市建筑科学研究所。2017年7月19日，深圳建科院成为第一家混改上市国企，在深交所敲钟，其股票简称为"建科院"。经多年发展，已成为绿色建筑和生态城市综合体技术服务提供领域的先行者。

深圳建科院的绿色生态战略主要是利用绿色技术优势和市场资源优势，嫁接政策扶植资金、产业基金等资源、整合产业资源打造产业集团，同时，围绕绿色技术，打造开放型研创孵化和绿色园区运营体，打造生态绿色产业的技术权威及核心竞争力。并且，进一步对产业链业务进行整合（培育、合作），形成产业链技术服务集成，提供全过程综合服务。

深圳建科院近年来聚焦生态城市建设运营技术领域，努力落实"2+2+2"战略发展模式，"2+2+2"的战略模式是建立起"二体+二平台+二线"，具体是指科技孵化综合体、绿色运营综合体、公信检测咨询平台、乐活公共管理平台、工程建设实施业务线、性能评估咨询业务线。

1. 城市绿色发展全过程技术服务

城市绿色发展全过程技术服务涵盖传统的多个服务类型，包括：城市规划、建筑设计、EPC及项目全过程管理、绿色运营等业务单元，2018年该业务链上已经开始强化多业务组合服务模式，组合式业务的收入占比达到16.26%，同时各分项业务在公司统一的市场、技术、财务和质量管理平台下协同均衡发展。同时，城市规划业务在公司的业务体系中具有一定的区域市场前期开拓功能，2018年公司在雄安新区、张家口等新兴区域投入了较多力量进行前期研究和市场开拓。未来，建筑设计业务继续聚焦绿色建筑设计和更新改造。

2. 绿色人居公信全过程技术服务

绿色人居公信全过程技术服务涵盖传统的检测、检验、认证、咨询等业务，2018年深圳建科院开始将绿色建筑咨询业务逐步与公信检测和规划设计业务融合进行尝试，通过提供更具市场竞争力的综合服务方式，促进建筑咨询业务增长，从而扭转该业务近年呈现的下滑趋势，2018年业务融合措施取得了显著成效。检测认证业务则持续增长，并且，该院在雄安新区建立实验室，取得《质量监督检验检疫准予行政许可决定书》，具备开展公信业务的资质和能力，逐步开拓新的区域市场。

2.3.3 以"设计+"构建网络价值链

时代在变化、环境在变化，商业生态在变化，以网络价值链为核心的新商业生态已经构建起来，传统的设计企业必然面临着一系列深层次的危机。不想灭亡，就必须学会进化，以更好地适应动态变化的环境。过去企业间的合作更多的是立足于项目的联合开发，而现在大家更多提到的是构建合作共赢的商业生态系统。前者是联合合作，后者是基于价值创造而进行的融合发展，合作共赢。

1）商业活动重新定义

新时代下呈现的新特征要求企业基于价值网络对商业活动进行重新定义。一直以来行业内普遍认知是设计处在工程建设价值链前端，前端就意味着主导性和高端性。但商业新生态下，企业活动不仅是在价值链上、更多是在价值网上进行定义和优化，各主体之间关系平等化，没有明确主从关系；价值服务从关注前端走向关注后端，更加强调运营管理；从拥有到整合，需要有效管理外部整合资源。

具有异质性的企业，在依赖和互惠基础上形成共生、互生和再生的价值循环系统。之前谈跨界还是有主次分明的意思，当下本身各种连接和融合会带来一系列新的价值。过去很多业务创新的逻辑都是按照两端延伸来定义业务，现在已经基本不适用了。因为过去在互联网冲击之前，谈的是供应链和价值链，往往前端是主导和高端，现在不是价值链而是价值网的概念。从价值网络来看，设计行业似乎是在前端，但并不成为主导，也形不成高端占位。

价值网络的构建提供了设计企业在传统的结构、竞争地位之外的价值来源，同时巩固传统的价值来源，在传统基础上进行价值演化。设计企业拓展新领域，不能是简单的转行概念，还是要考虑新旧业务如何有效叠加、联合。所有这些对设计企业商业模式创新带来了巨大的挑战。

未来设计行业的发展需要立足于产业层面去思考，以"设计+"的理念促进商业模式的重构，更加强调的是基于价值服务、价值创造、价值衡量的融合发展，目前不少设计企业在推动设计与资本、产业、技术、文化等结合促进业务模式创新方面进行了积极地探索。

设计与产业融合，立足于产业视角，展开设计与产业多层次的深度融合。2015年5月国务院出台《中国制造2025》，标志着我国工业4.0时代的来临。工业4.0本质上是产业的"闭环化"发展，通过实现横向、垂直以及"端对端"的集成价值网络促进竞争要素的重构。而这不仅局限于制造业，未来建造和制造的界限将发生改变，设计企业也将基于产业视角重新定位。建筑产业化是行业中产业思维的集中体现，它将推动产业链上融投资、科研、勘察、设计、施工、生产、运营等各环节有机融合，衍生出多元化的业务模式，促进行业服务层次及服务水平的提升。随着行业边界的不断模糊，设计产业与其他产业的融合不断加剧。目前部分设计单位正在尝试进入养老、医疗等服务性产业领域，根据其特殊需求形成定制化产品，这已经不再局限于提供建设领域服务，而是基于价值链的服务延伸。尤其是在PPP模式的推动下，社会资本将进入社会基础设施领域，参与甚至主导相关基础设施运营。

设计与资本结合，提升设计企业的服务外延。资本作为关键成功要素的地位正在日益强化，部分设计企业已经将资本运作作为谋求深层次发展的重要选项。然而，虽然越来越多的企业涌入资本市场，资本运作的意义往往并未被深刻认知。对于工程勘察设计企业而言，资本运作仅是一种达成战略意图的有效手段，成功上市并不意味着资本运作的成功，只有资本与设计深度结合，才能真正发挥资本的价值。近年来，发改委、财政部等国家部门以及地方政府推进PPP模式，将会有效推进改变工程建设产业链条的原有分工模式，并促进工程建设产业链的价值创造模式的重新调整。此外，PPP模式还会改变过去我们已经习惯了的行业"条块分割"的格局，原有细分行业之间的边界将会逐步模糊，进而构建起新的格局。

设计与文化融通，注重文化在设计中的传承与发展。高层领导提出"不要搞奇奇怪怪的建筑"，在2016年《关于进一步加强城市规划建设管理工作的若干意见》中提出提高城市设计水平，体现城市地域特征、民族特色和时代风貌。批评当前设计行业"以奇为美"的通病的同时，更是在强调设计与文化的融通。随着新型城镇化战略的推行以及国家对于文化的重视，中华传统建设文化的传承、创新、发展越来越受到业内企业的关注，在设计中凸显地域、历史、民族等特色文化已经成为企业打造差异化竞争力的重要途径之一。

设计与数字融合，随着互联网技术的更新迭代、信息化的深度融合，数据越来越成为当今最重要的资产。传统建设行业也在大数据、云计算、BIM、VR以及AI等新技术的融合下，逐渐向数字化、虚拟化和信息化的方向变革。伴随国家改革开放40年经济社会的快速发展，我国工程设计行业与业内企业取得了瞩目的发展成绩。进入数字时代的深远影响与冲击，绝不仅仅是技术上的创新与突破，更将是一次理念认识的彻底洗礼。因此，工程设计企业需要重新思考赖以生存的传统商业生态与商业模式。新一轮科技革命和产业变革正在加速重构产业竞争版图与结构。作为城市、基础设施与产业发展的重要支撑要素，工程设计产业不会消失，但落后的企业一定会消失。适应数字时代的挑战，数字化转型将成为所有企业未来十年所要面对的核心战略问题，用数字化能力创造并定义未来。

工程设计企业的数字化转型路径需要依托新型产业生态场景，重新设计与市场需求的联系与交互，重构价值链中的客户体验乃至用户体验，以更加智慧、自主、便捷的方式赋能员工、驱动运营优化，建立更加开放、共生、互赢的无边界资源整合平台。

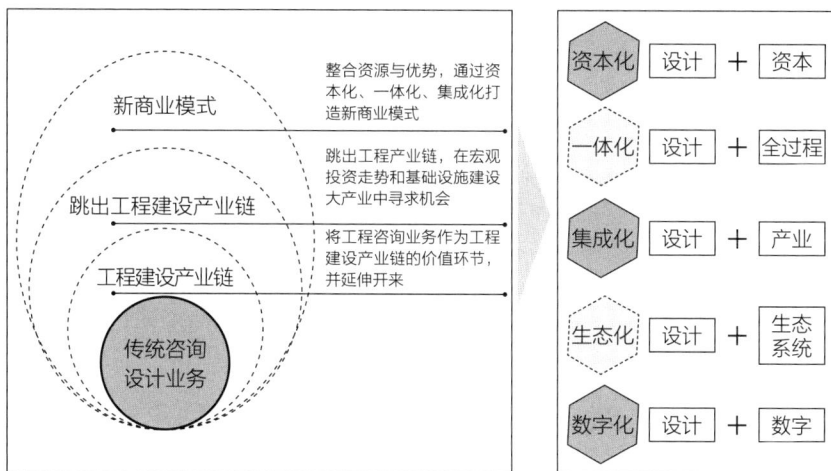

图2-14　设计+的商业模式创新

案例

林同棪国际工程咨询（中国）有限公司的"数智化"转型

　　林同棪国际工程咨询（中国）有限公司（以下简称为"林同棪国际"）在新一期的战略规划提出未来"3I发展战略"，即"一体化、国际化、数智化"。林同棪国际将致力打造成为国际桥梁交通创新引领者和城市基础设施一体化服务者。

　　数字化业务将聚焦于两个层次的内容：一是建造内部企业管理的数字化，二是基于业务和行业生产的数字化。

　　同时林同棪国际重视BIM技术在EPC工程中的作用。各个事业部确定了BIM小组，由数智化部门总体统筹运作。通过4年的积累发展，公司开展了36个技术应用，拥有6项知识产权创新，并在昆明国际交通枢纽等EPC项目中进行实际运用，还建立了基于

SAAS定制交互式的服务平台——BIM协同管理平台，将BIM技术与项目管理相融合。

林同棪国际EPC项目BIM技术应用   表2-3

阶段	应用方式
规划阶段	建筑性能化分析、CAE仿真分析
设计阶段	项目三维模型、碰撞检查及优化
施工阶段	BIM协同管理平台应用、4D进度管理
运维阶段	VR虚拟现实交付、项目运维系统

　　林同棪国际是推行土木工程EPC项目建设模式的先行者，于2017年取得国家住房和城乡建设部40家全过程工程咨询试点单位之一，为多级政府、国家投资平台等客户提供在道路、桥梁、智能交通、环境工程和综合客运枢纽工程等领域从策划、规划设计、建设、运营的工程全生命周期服务。其中，完成了重庆市涪陵长江一桥南桥头立交桥、重庆市涪陵高山湾枢纽、广州珠江城、昆明市综合交通国际枢纽、阿勒马克图姆国际机场、港珠澳大桥等标志性项目。

林同棪国际全过程咨询服务内容   表2-4

工程阶段	服务内容
策划	顾问策划、政策研究咨询、项目前期阶段咨询
规划设计	勘察、规划、设计、工程与货物采购、工程造价咨询、招标代理、前期工作总包
建设	合同管理、工程监理、设备监理、项目管理、项目竣工咨询
运营维护	后评价、项目营运咨询、项目维护检测咨询

林同棪国际全面升级一体化服务模式，重点聚焦市政道路、景观桥梁、交通枢纽、水环境景观治理等领域打造一体化业务。市政道路方面，突出山地道路研究优势，提供可三维视图化的联动整体解决方案；景观桥梁方面，突出产品文化性，以BIM大数据为特色，提供从策划、规划、设计到检测、运维一体的服务；交通枢纽工程方面，开展TOD模式的综合商业策划服务；水环境治理工程方面，提供以前期策划为带动、以特色修复技术为亮点、以项目管理为核心的具有提供国际资源能力的一体化服务。

2018年8月，在重庆云栖大会上，林同棪国际与阿里云计算有限公司（以下简称"阿里云"）签署智慧建设战略合作协议。未来双方将在基于城市基础设施的大数据、人工智能等前沿领域展开深度合作。林同棪国际将充分借鉴国际先进理念和智慧建设的经验，发挥国内外专家的资源优势，结合中国城市基础设施的实践，通过与阿里云的云计算、大数据充分融合，相互赋能，提供建设全生命期的数字一体化解决方案。双方将共同打造智慧建设的大脑，助推重庆建设的高质量，提升城市的高品质，在中国从建筑大国向建筑强国迈进的征程中尽一份力。

阿里云先进的科技与林同棪国际建造技术相互赋能，在未来的基础设施领域，共同推进和开发基于云端的智慧建设应用体系及产品线，为城市提供基础设施智慧建设解决方案，助推重庆的智能化发展。比如开发智慧建设、智慧交通、智慧停车等一系列的新型产品。

2）从平面化到立体化发展

在行业企业过去的发展中，外部市场环境较好，设计企业普遍采取"延伸"式思路，前向、后向、横向延伸。而今市场形势急变的情况下，趋同的发展方向与模式、相对粗放管理下的竞争乏力，使得面对未来的迷茫加剧。

投融资体制的改革、信息化工业化技术的突破应用都将极大改变市场价值需求，改变投资者、设计建设者、运营者之间的关系，改变产业链上下游、同业单位之间的关系，改变行业监管模式。

原有的简单横向、纵向行业关系将更加呈现立体化、网络化的生态特征。面向构建中的新商业生态，工程勘察设计企业更加需要以产业视角勾勒新型业务模式，创新价值创造模式与服务模式；以系统变革理念设计转型升级路径；以互联网思维无边界整合商业生态资源，丰富完善自身竞争优势。

1. 立体化发展解决价值定位

过去业内企业大都是考虑点上的发展，相应的探索主要围绕三个方面：一是两端延伸，二是跨行业发展，三是跨地域。这些基本上都是平面式的扩张，以任务为导向，是基于对新的市场机会的获取，但是企业的核心能力、服务本质没有改变。过去若干个延伸的线条都是平面思维，设计单位在调整转型过程中经常陷入"先有鸡还是先有蛋"的逻辑陷阱，这就是受串联式、因果式逻辑所限。现在需要在新的商业生态之下进行重新定位。

我们能看清楚的是变化已然发生，行业发展正在面临变化，不清楚的是未来变化成什么样？面对外部变化，行业发展何去何从并不能清晰把握，在这种背景下需要以立体化角度重新构建思考设计行业发展逻辑。立体化发展路径需要考虑的因素更加复杂，立体化发展受多个维度交互影响。发展路径是有很多种，资源、能力也有多重组合。

立体化发展不是简单的发展路径选择的问题，它代表的是从行业思维到产业思维下的发展方向，超越设计来思考设计，以产业思维来思考行业的发展。所谓产业思维，是立足于产业链、价值链的思考与谋划。与产业思维相对应的是行业思维，长期以来，由于我国特有的建设分段管理、实行机构资质准入、执行国家收费标准等行业监管方式下，企业形成了非常浓厚的行业思维。

从某种意义上讲，行业思维是行政式管理下的依附式思维，是业务边界相对清晰的任务导向，体现为适应国家管控体制下的规模扩展发展思路，源于外部环境驱动的行业十多年快速发展，掩盖了行业思维的很多弊端。而产业思维则应该是立足于产业链整合的价值导向，强调市场竞争条件下的价值创造与分享发展思路。工程勘察设计单位作为专业服务类机构，"市场化、产业化、专业化、国际化"是其发展的内在要求，而要实现这些要求，必须要用产业思维逐步替代行业思维。

立体化发展的核心是以客户价值需求为导向，服务如何有效聚焦价值创造，对内对外需要重新塑造价值理念和导向，需要真正厘清服务的价值环节。基于创造价值，聚焦设计核心能力，再造商业模式，从资源、能力、产业、资本、技术、人才、管理等多维度出发来谋划未来的发展路径与商业模式。

立体化是解决价值定位的问题。在立体化发展下能够有效促进价值提升、持续竞争力打造、资源整合集成等。服务价值提升需要有效地界定并提升服务的价值，既要立足于工程建设全生命周期定位服务的价值创造与实现方式，还要合理平衡短期价值、长期价值、策略价值、战略价值，局部价值、整体价值。从某种意义上讲，竞争力打造是要提升企业对于环境的动态适应性。资源集成整合能力既包含了对于企业内部人力、技术、资本等资源要素的有效组合、整合，还包括对于外部资源、产业链资源的有效集聚与集成。这些要求是作为专业服务机构的工程勘察设计单位持续健康发展的应有之义！经历了十多年的快速发展之后，面对发展环境的诸多变化，需要的是真正回归行业的本质——价值服务、竞争力提升、资源整合。

2. 走出立体化发展认识误区

误区一：多维度的延伸就是立体化发展

相当部分设计企业总是自觉不自觉地试图立足于传统的设计思维来解释很多新问题，从而导致很多迷雾无法拨开。过去设计单位谈的都是延伸的思路，主要是从行业、市场、业务环节三个方面展开，本质上是在做加法，在原有的优势之下进行拓展。然而新形势下主业发生下滑，主业发展面临困境，仅是简单延伸的思路已经走不下去了。行业内过去部分依赖简单的、没有核心能力的工程总承包业务做大的企业，在未来的发展过程中也会面临着困境。

误区二：立体化发展需要设置很多限定条件

面对环境的不确定性，设计院的发展不一定是循序渐进，会呈现出不规则的波动，有时候会出现突破式跃升。很多时候企业总是认为陷入希望在条件充分具备时才能做些事情，由此，往往陷入无休止的"论证与准备漩涡"之中。其实立体化探索隐含着不同角度、不同方式的探索，包含了通过业务模式实现路径创新的非常规突破之路。

误区三：立体化发展是转行

很多设计院在新领域进行尝试，被认为是转行发展。虽然从表面上来看相关立体化发展业务与设计业务存在一定差异，但其实存在深层次的关联。不妨分项举例说明：建筑设计的主体业务到底是什么？往往第一反应是从事建筑方案创作与施工图，把新技术引入进行应用就是建筑设计创新。如果进一步分析，其实建筑设计很大的使命是为了解决空间的问题。工业工程设计是什么？第一反应是主要做工厂设计，实际上是服务于整个产业、实现技术落地的工程化力量；土木工程设计中的交通设计，给人的第一直观看法是修路、修桥、修隧道的，但是更进一步地分析，其本质是解决人流、物流问题。

在过去分段式管理的发展环境下，设计与最终设计产品适用的环境是脱节的，随着时代的变化，新的需求不断延伸，在过去设计满足了基本需求之后，经济发展的深入、转型升级的步伐加快，对设计与所处环境的适应性要求越来越高，需求也在不断变化升级。为应对需求的变化，产生了新的业务形式，进入了新的业务领域，从形式上来看，很多业务形式上已经是跨越了，但是内在还是有联系的，是对设计本质的回归以及升级。

3）提供垂直整合集成服务

商业新生态孕育新商机，这商机就来自新常态下的集成价值诉求、来自新商业生态中的网络化关系。每一家勘察设计企业都需要从产业新生态利益相关者关系、从自身资源能力出发，重新界定价值客户、界定价值需求。回归价值创造，立体化发展下的新思路必然是面向具体细分领域的垂直化集成解决方案，建立以用户为中心、为用户提供解决方案的服务模式。

垂直化的核心就是细化产品或服务类别，通过专业化发展专注于某一业务领域，从而将业务精细化，满足用户需求。垂直的命题就是专业细化，这是由市场环境和用户需求共同决定的。垂直化发展就是聚焦专项领域的纵向一体化，构建全生命管理的产业服务体系。而集成解决方案，就是从过去基于固定服务边界的甲乙方关系、以适应并满足客户需求为主的服务导向，真正转向立足全新商业生态的伙伴共生关系，以策划能力与资源整合能力为核心、创造并引领需求导向的商业模式。

产业的转型升级、城市的建设与管理、人们生产生活方式的改变都已经很难用单环节的专业服务去实现，必须通过立足全生命周期的顶层设计、全过程的资源整合集成去创造性实践。

价值的衡量标准也将从"完成项目"转变为"做成事业"。在这一转变过程中，勘察设计企业立足利益相关者的战略收益最大化，需要向前服务于政府主管部门优化管理体制、理顺专业管理；中间服务于合作伙伴、全过程专业资源的协同价值最大化；最终服务于投资主体的投资价值最优化。

以医养产品为例，其运作不仅涉及传统的投资、空间功能实现，还要考虑与养老医疗金融对接、与医疗服务对接、与文化生活对接、与社区对接等方面问题。类似这种面向专项领域客户价值需求的垂直集成解决方案，绝不是传统延伸发展模式下的多环节服务叠加，而是一种系统集成。这就需要关注三个方面的关键能力：面向全过程、面向运营的策划设计，面向全过程的专业资源整合管理，面向过程中的数据资源挖掘与服务创新。

我们必须清醒地看到：商业生态系统越复杂、价值需求越综合，就越需要聚焦的力量。在过去"大而全、小而全"的发展模式下，很难对某一类客户进行更大价值的开发、更深入的价值服务。"垂直集成价值"挖掘的突破点在于从"设施建设"放眼到全生命周期、全过程。

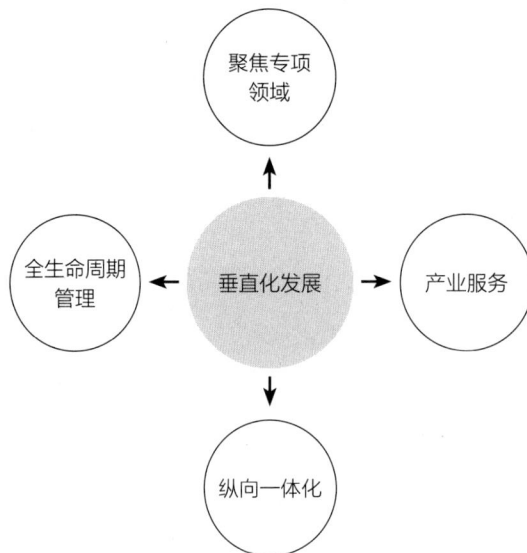

图2-15　垂直化发展特征

面向商业新生态的垂直化服务创新是对原有发展模式、服务理念的深刻变革，是从原有机会式经营转向精耕细作，从同质化服务竞争转向价值创造竞争，这场变革转型会是一场系统、复杂的再造。这其中涉及新型垂直集成服务的产品策划、协作共赢的商业生态资源圈构建、真正企业化运作能力建设等方面的问题。

集成产品策划：聚焦价值客户的价值需求，确立价值服务理念，进而形成贯穿专业服务资源的价值创造流程。集成产品的盈利模式策划一定要跳出对任一单环节专业服务的利益要求，可以充分借鉴"羊毛出在狗身上猪买单"的互联网思维。具体而言，要转变以短期项目合同目标的合作模式，关注客户的长期战略价值；要跳出技术主导的开发思路，真正体现客户商业价值提升的导向；不仅关注服务内容的创新突破，也关注服务方式的优化调整，提升客户价值感受。

生态资源圈构建：集成价值需求的实现需要覆盖规划咨询、设计、建设、运营等各环节资源的协同配合。未来工程勘察设计行业的竞争格局会更加呈现两极化——具备整合能力的价值集成者、具备某方面特长的精专服务者。任何一家单位都要更好地考虑合作、共赢，而非独占利益。

企业化运作能力：勘察设计企业普遍还是一种项目式运作模式，其与商业新生态、集成价值创造要求的不适应会越来越突出。勘察设计企业真正回归到企业化运作，核心是从组织层面构建持续发现价值、实现价值的平台与机制，重点在于对客户需求的系统挖掘、客户关系的整体维护，对全生命周期的内外部专业资源统筹集成。

III

新场景：
重塑发展动力

∨

∨

走出新价值主张下企业发展困境，寻找发展新动能的突破口——场景创新。何谓场景创新？需求即场景，场景创新是指洞察并挖掘客户隐性需求，构建以客户与用户的显性需求和隐性需求为核心的技术与服务应用情景，重新定义产品与服务。提供个性化服务，重新建立设计企业与用户之间、与产业之间、与其他商业生态之间的联系，从而实现商业模式创新，重构生产力，激发设计价值的最大化。

3.1

场景创新，创新产品化思维与能力

3.1.1　围绕场景应用的商业模式创新逻辑

创新的商业模式可以是在原有的服务方式上的升级，也可以是传统商业模式的颠覆。为客户创造价值是一种高层次的服务模式，也是建设创新商业模式的基础。失败的商业模式必定是没有抓住客户内在需求。客观地分析，绝大部分工程设计企业并未深入研究客户内在需求，并为之进行资源投入。因此，对于工程勘察设计企业的商业模式创新也从用户价值探索、盈利模式创新、资源整合升级等方面提出了新的要求。

用户价值探索：从关注客户价值到关注用户价值，用户是企业发展战略的核心基础，是企业产品开发的立足点，围绕用户总价值洞察，可以有效建立产品场景，更加有效地进行价值扩张。与场景结合，避免陷入需求错位陷阱。场景化营造，能够有力洞察企业价值需求，避免在服务过程中对于需求判断的偏差，从而降低价值。

盈利模式创新：商业模式改变，对于盈利模式创新带来更多可能性，过去企业更多的是简单的买与卖的交易。随着平台经济、数字经济、共享经济的兴起，盈利模式也在不断进化，从"所有权"到"所有权+使用权"，商品更像无实体的服务，通过"使用权"实现用户的长期服务；互联网经济下"免费+收费"的模式兴起，能够快速锁定用户，为高附加值和增值性服务创造条件。

资源整合升级：信息技术的发展，改变了企业之间沟通与协作的法则。商业生态的改变也重构了产业的价值链，产业之间的跨界竞争与整合在强化，市场将从割裂式的链式结构向网络状改变。企业也将作为商业生态节点成为被整合资源或者成为资源整合中心节点。随着商业生态之间的融合加剧，面对跨界竞争者，有效的构建商业服务场景，能够更加有效整合外部商业生态资源，提供增值服务。

3.1.2 基于场景，洞察客户隐性需求

过于粗放式的服务，满足于应付客户的表层需求，这是行业当前的现实写照。无论是社会投资者、还是政府，内在需求一定是多方面的，需要从提供系统性的产品解决方案来满足需求。过于单一、传统、表层的服务是无法有效、持久打动客户的。

政府职能转变，客户对工程勘察设计企业现场服务能力的关注，人口结构变化与现代制造技术发展对工程项目建造模式的影响，这些都深刻地影响着业内企业的服务模式、服务逻辑。更进一步地分析，PPP模式下客户从运营反观可行性研究与项目定位、从项目全生命周期考虑设计建造技术、综合考虑融投资模式……这些方面都是客户的现实痛点，都可能成为业内企业服务创新的切入点。

工程勘察设计企业要解决市场/客户需求挖掘问题，首先要转变思维，从某种意义上讲，需要有"站在月球看地球"的视野，跳出企业本身看行业、看产业，超越效仿，真正换位思考，探究市场与客户需求；其次要树立全生命周期、产业、生态等宏观观念，才能"俯视"行业市场，把握前瞻需求，做"革命者与颠覆者"；再次要跳出单点式项目经营惯性，贯彻"从客户中来、到客户中去"的持续跟踪与关注。

场景创新，能够有效洞察客户隐性需求。对于工程设计企业而言，场景创新的特征就是营造以适应性、连接性、动态性为特征的服务或技术应用场景。

场景创新的适应性：面向用户与客户，洞察需求痛点，定义产品使用场景，适应个性化需求，集成政策、技术、效益、质量、环保、社会文化的综合目标实现，形成"标准化""模块化"服务。

场景创新的连接性：场景连接用户需求，重新定义人与商业之间、人与产品、人与世界、企业与用户之间的连接性，重构生产力。

场景创新的动态性：新商业生态系下，用户需求具有动态性、持续变化和不可预测性特征，场景有助于构建动态产品化能力。

企业提供场景化服务，能够从客户决策行为出发，以价值洞察加速客户需求探索，避免客户需求错位，从而进一步对接到客户隐性需求，构

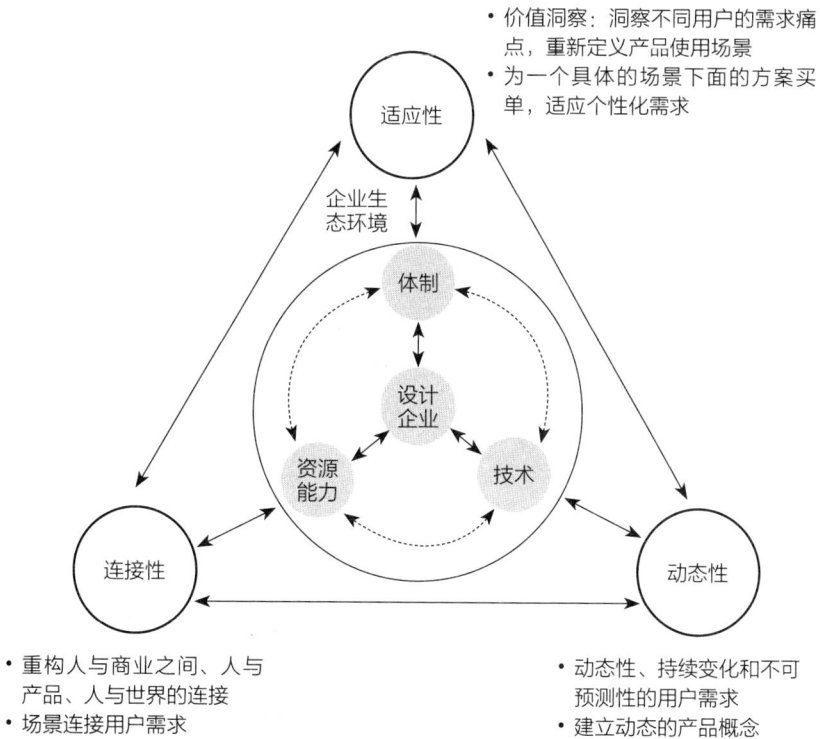

图3-1 工程勘察设计企业场景创新特征

建符合客户偏好的个性解决方案。大致可以分为4个过程：第一，识别价值，跳出原有的路径依赖，通过丰富的用户场景能够准确判断用户行为与需求；第二，基于场景营造，能够将企业的价值理念以及产品定位、品牌形象清晰传递给客户；第三，价值创造，在丰富场景下，以解决问题为导向，关注用户，价值链重塑进行业务创新探索；第四，价值保护，调整与适应场景变化，精确控制持续实现价值创造。

3.1.3　专业服务产品化思维转变

打造产品化能力，是构建企业发展源动力的主要抓手。产品化是一种能力，具体表现在业务策划中，通过一体化服务模式实现业务创新。产品化需要立足于客户需求重新组合资源、技术、要素等。在服务过程中有效开展业务策划、瞄准客户需求、提升产品化能力，才能提高现有业务效果，满足、适应以及创造客户新的需求，实现更高层次的业务协同。

在行业大变革的背景下，工程勘察设计企业思考产品策划要做好3个转变：其一，转变以短期项目合同目标的合作模式，关注客户的战略价值以及双方的长期合作切入点，例如合同能源管理业务、PPP业务等；其二，跳出技术主导的开发思路，真正体现客户商业价值提升的导向，例如技术的产业化、全过程技术咨询等；其三，不仅关注服务内容的创新突破，也关注服务方式的优化调整，提升客户价值感受。

以我国城市建设发展为例，随着国家对特大城市、超大城市永久性开发边界的划定，城市空间发展的硬约束逐步形成，北京、上海、深圳等一线城市都将面临规划建设用地总规模的"零增长"。我国城市建设已进入城市发展新阶段，从注重物质空间的"增量时代"进入到全面发展的"存量时代"。从传统的物质层面、拆旧建新式的城市更新，发展到反映新时代要求、承载新内容、重视新传承、满足新需求、采用新方式的城市有机更新的新阶段。传统的城市设计更加关注前端静态设计，未来城市更新需要扩展产业链跨度——从建设项目策划、设计、构筑到运营、管理的全过程。同时，基于城市更新下的城市建设与治理是复杂的系统性工程，在公共服务、生活和生产等多个领域都需要结合特定的场景提供定制化服务，这些恰恰是未来价值的集中所在，尤其是城市更新改造等存量市场存在巨大的运营管理需求，设计企业向城市运营管理端布局成为必然选择。

立足于场景，推进产品策划的创新，同时要有效解决产品的实现能力，产品实现能力反映了企业的执行力，核心在于资源整合能力，包括支撑产品实现的资源配置，前端市场、生产资源团队、管理支持团队的信息及能力协同，基于客户价值实现前后端专业技术、管理团队的流程优化及工作协同等方面。工程勘察设计企业需要树立客户导向的核心价值观，革新工作中的价值判断标准；基于"内部客户观"理顺内部工作流程与协作关系，实现内外部客户平等化，促进内部的公平、尊重与协作；构建内部资源协同交易机制，促进内部协作在公允氛围内有序展开。

过去企业的经济逻辑是索取法则，未来是给予的逻辑。过去工业化的思路支撑不了未来创新要求，传统人力资源管理体系支撑不了创新业务，传统的组织体系支撑不了新业务培育！

3.2

建立适应新场景的管理逻辑

数字时代的来临，信息技术的发展，让商业环境变得更加复杂、不可控，商业生态思维以及互联网思维影响了整个经济环境，带来了商业模式的颠覆式创新。工程勘察设计企业身处发展大环境，也不可避免地受到波及与冲击。从服务对象角度而言，勘察设计企业不仅是面向客户，更应该是面向客户的客户，即为服务的最终使用者建立服务场景。设计企业服务手段与方式也在不断升级，它们面临数字化城市与现实城市相互交织的二元场景。当前，勘察设计企业需要建立与时代发展、与商业环境变化相适应的管理理念。过去我们强调的是管控的思路，现在我们要转向服务，真正为企业、为员工、为客户、为用户提供服务、支撑、赋能。

3.2.1　认知行业管理问题复杂多元

行业实行的市场准入双轨制，给业内企业的管理增添了复杂程度与负担。行业内单位所有制性质的交错演进，给业内单位的管理带来多样性的同时，也同样带来了诸多的不确定性与压力。

计划经济时代，建设投资主体是政府，工程勘察设计单位是隶属于政府部门的事业单位，由国家按人头拨付事业经费。并且基于部门专业化，建立隶属于各部门自己的专业勘察设计机构，如冶金、煤炭、机械、化工、水电、轻工、纺织、铁道、交通、邮政等部门。各专业政府部门都拥有各自的专业勘察设计机构，并且实行高度集中统一的管理，各专业部门负责对所属勘察设计单位的人、财、物和任务分配的直接管理。计划经济时期，主管部门直接管理工程勘察设计计划，并对设计文件的审批实行分级管理、分级审批的原则。

随着市场经济的推进，勘察设计行业管理部门发生多次变化，到2001年，建设部内部机构调整，撤销勘察设计司、建立建筑市场管理司，负责指导和规范全国建设市场，拟定勘察设计咨询资质标准并执行，提出执业资格标准，由此行业监管也发生了较大的变化。从资质管理方面而言，我们最早是学习苏联模式，由政府根据分级标准核定企业资质等级，企业只能在资质等级许可范围内进行业务活动。2001年1月，我国正式推行注册建筑、结构、岩土工程师与企业资质标准挂钩；2007年3月，注册建筑师、18个专业的注册工程师全部与市场企业资质接轨。至此，我国全面形成了工程勘察设计市场"双准入"制度。双准入的实施推行，由政府根据分级标准核定企业资质等级，企业只能在资质等级许可范围内进行业务活动，造成的主要诟病之一在于行业资质成为天然门槛，自然造成行业垄断，不利于充分竞争，由此带来不同类型、不同区域的工程勘察设计企业在不充分竞争的市场中面临着更为复杂的经营管理问题。

改制导致行业内多种体制并存，带来了管理问题的复杂、多元。工程勘察设计行业是我国事业单位体制改革起步最早的行业，从1979年6月发展至今，经历了企业化管理、事业单位改企业、建立现代企业制度、改革产权制度等阶段。在推进产权制度变革过程中，工程勘察设计企业的所有制形式也在改变，过去都是清一色的国有设计院，随后民营设计院、设计事务所、外资设计机构等非国有设计单位不断涌现，现在形成了百花齐放发展局面。不同类型的设计企业面临的管理问题各具差异性，无法用统一的标准去解读行业内企业管理的问题。

3.2.2 组织理念升级，重构能力体系

随着近年来平台型组织的兴起，构建在此基础上的前、中、后台模式也越来越受到业界关注。近年来，部分设计企业也在逐步探索这方面的内容。对于设计企业而言，好的平台型组织的构建需要考虑三方面的内容：

1. 资源洼地：资源包括客户、技术、品牌及其他资源，是否能够提供更集约化、成本更低的资源；

2. 共享机制：现在很多设计企业里面的利益关系是相互封闭的。未来的组织必须是共享的，不仅是生产机构给企业输送养分，企业同样也要

给生产机构输送养分；

3. 精神底层：未来的平台型组织的基本企业价值观的特点必须是自由、平和及开放。

大多数设计企业在推进业务转型升级的过程中都存在诸多困惑。从业务层面来看，造成这种局面的原因大概有这样3个方面：一是新业务的拓展单打独斗、孤立无援、机会主义，无法形成持续拓展；二是原有业务的升级没有章法、各自为战，甚至内部相互竞争；三是企业的优势资源难以共享或有效整合，无法为原有业务升级和新业务拓展提供"炮弹"。

从组织层面来看，设计企业总部定位开始从管控型（运营型）总部到价值型（赋能型）总部的转变，对下属机构不再是简单的管控或服务，而是要在新业务转型孵化、经营市场统筹、技术创新等方面真正创造价值。以往设计企业更多关注的是纵向协同，主要是指业务部门与职能部门的协同关系，而现在很多设计企业非常关注如何打破业务机构的横向壁垒，促进横向协同与资源共享。

从设计企业未来数字化转型来看，未来设计企业的数字化转型存在两条路径：一是业务数据化。对成熟的运营场景提供中台化服务，通过成熟的业务来沉淀企业的数字化能力，让业务与技术相互融合，不断扩展业务边界、不断增强支撑创新业务的能力、不断深挖数据价值，将产品（服务）、客户、技术等企业经营核心要素以场景化的方式沉淀和输出，通过数字化方式交互连接，让企业的运营更加快速、高效。二是数据业务化。抓住数字化转型过程中的新机会，提供新型产品（服务），通过数字化技术和中台共享能力，驱动商业价值的实现，为企业带来新的业务增量。

在此背景下，设计企业探索推行"赋能中台、敏捷前台、柔性后台"模式势在必行。

"敏捷前台"是指一线作战单元。理解和洞察客户需求和场景，通过产品创新和精细化运营服务客户，最终实现和提升客户价值的机构。在设计企业中主要是指业务分院、生产所、市场经营部门，这些部门强调敏捷交付及稳定交付的组织能力建设。

"赋能中台"是指企业级能力复用平台，是链接前端与后台的桥梁和纽带。强调资源整合与共享、能力沉淀的平台体系，是为"前端"提供业务模式、技术、数据、人才等资源和能力，是提供"炮火支援"，以不断适应前端业务发展的需要。通过沉淀、迭代和组件化输出服务于前台不同场景的通用能力，作为为前台业务运营和创新提供专业能力的共享平台。

"柔性后台"是以共享中心建设为核心，通过搭建管理体系，强化核心职能，优化管控流程。为前、中台提供专业的内部服务支撑，成为高效能的职能管理平台。为前台提供技术、数据、人才等禀赋要素的有机组成部分。

在前中、后台中，最核心的是中台能力的建设。中台的本质是平台的平台，主要包括以下几方面：

1. 业务中台：业务中台是抽象、包装和整合后台资源，转化为便于前台使用的可复用、可共享的核心能力，能够为前台应用提供强大的"炮火支援"能力，减少系统间的交互和团队间的协作成本。

2. 数据中台：利用获取的各类数据，对数据进行加工，获取分析结果后提供给业务中台使用，构成设计企业的核心数据能力，为前台基于数据的定制化创新和业务中台基于数据反馈的持续演进提供强大支撑。可以理解为数据中台给前台提供的强大"雷达监测"能力。

3. 管理中台：具象而言，主要指公司里的OA系统、项目管理系统。建立办公系统软件的计划系统，在某种程度上是想实现一个管理平台的作用，以及相关的一些流程、员工的沟通和协同、一些项目的基本信息等，都可以在这些系统上面实现。

4. 人力中台：员工就是生产力本身，对员工个人成长发展的关注，将会越来越重要。把人才资源盘活，才能知道如何为前台配置人力结构，提高公司的产能。

5. 技术中台：技术标准化，更多聚焦在技术的共性和标准化研究等工作。

通过中台建设，可以帮助设计企业在日益复杂多变的市场环境下，更加精准地了解客户的需求，更加快速地响应客户的需求，更加高效地促进内部资源整合和复用能力打造，更加有效地推动新业务的创新。

3.2.3 从人力资源管理向人力资源经营发展

随着行业内人力资源管理水平的不断成熟发展，在新的行业环境和形势下，勘察设计企业的人力资源工作不再单纯聚焦于管理角度，而开始从人力资本经营角度出发来解决问题。

勘察设计企业传统的人力资源管理更多是以问题解决为导向，强调效率优先，通过开展人力资源规划、招聘与配置、培训与开发、薪酬管理、绩效与福利、劳动关系六大传统模块的常规性管理工作，来解决业务发展过程中面临的各类人力资源问题。

新环境、新的场景服务要求下，勘察设计企业人力资本经营则更强调人力资源的主动性，以机会为导向、坚持价值优先，以企业经营目标为重点，通过人才培养和发展、员工激励等核心内容，充分调动企业人才的能动性来促进企业的经营发展，实现企业的战略目标。

在此过程中，勘察设计企业人力资本经营关键在于人力资源管理部门要树立业务合作伙伴的理念，始终关注企业经营目标的达成方式以及所需关键人才的配置，使人力资源的工作始终围绕业务目标开展，从而确保人力资源制订的各项政策、制度和解决方案真正满足企业经营目标实现的需要。

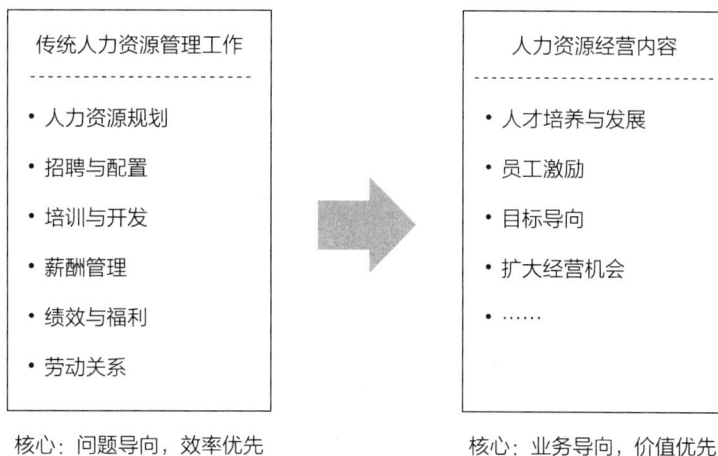

图3-2　人力资源管理到人力资源经营变化特征

重视对于人才的权益性激励，随着行业内组织运作模式以及人才管理特征的快速变化，传统的追求体系完整、统一管理的薪酬分配模式已不再适应新形势下的勘察设计企业的人才激励需要，很多勘察设计企业开始探索针对核心人才的权益性激励与发展机制，内部创业平台、合伙人及股权激励等多种方式被广泛关注。

3.3
构建生长性发展战略

回顾"十二五""十三五"的发展进程，伴随宏观形势变化，工程勘察设计行业也呈现出震荡调整的态势：我国经济进入增速换挡的新常态时期,"稳增长—调结构—促改革"的思路贯穿近年来的发展,工程勘察设计企业不断推进以"延伸""扩张"为主要特征的增长型战略应对变化,在实现了营收规模跃升、综合实力升级等实质性成绩的同时,也面临着不断升级的发展挑战。"十四五"是迈进新时代的第一个五年规划期,也是迈向第二个百年奋斗目标的起点;"百年未有之变局"的全新时空背景正使得工程勘察设计行业面对的机遇与挑战都发生着深刻的内涵变化。

产业环境生态化进程中,交织、融合的趋势超越以往任何时代,任何一家企业的发展都需基于在"维系于商业生态、并维护商业生态健康进化"的背景下来考虑。生命体在内因与外因的交互作用下实现生长与进化,从单个的全能细胞分裂、生长、发育成为多细胞群的生命有机整体,这其中绝不仅是细胞数量的变化,而是全新的质变过程。作为企业,做强做大固然重要,但更要对处于变化的"强与大"形成更为系统、长远和动态的认知。

当环境变得更加模糊、不确定,企业更加需要以"赢在未来"的思维革新战略理念,从"规模导向的增长思维"转向"可持续导向的生长思维",建构"生长型战略"。犹如生命体的生长进化,企业生长型战略的本质在于持续运动,具备三个关键特征:开放性、自适应性与自衍生性。

——开放性。企业更加外向,以洞察、预测、定义全新市场机遇为核心能力;更加关注可持续商业生态价值,通过与商业生态中利益相关方的双向赋能,实现共存、共生、共荣。

——自适应性。面对外部环境的变化,企业更加聚焦灵活性,以外部视角认知本我,以自我调节实现自我的适应进化,关键着力于卓越产品与服务的持续迭代,与客户共生。在频繁更新迭代的进程中,战略与执行同步进行。

——自衍生性。企业更加聚焦于以"人人互联"架构价值驱动的自组织，并依托组织能力实现成功的持续复制，实现全局系统的有机生长。

3.3.1 持续迭代卓越服务

伴随投融资体制改革、"后城市化时代"的需求复杂化，个性化、隐性化需求激增，边界条件清晰的显性需求市场必将成为红海，聚焦价值创造的定制服务时代喷薄到来，机遇前所未有。

工程勘察设计企业如何才能在定制服务时代大有作为？

首先，"以需求为是，以自我为非"。在定制服务时代，隐性价值需求的高转化率将成为下一步塑造不对称优势的突破口，关键是不累于过去的成功经验，不局限于原有市场，重新界定客户的范畴、重新理解价值需求，以价值场景破解、架构、转化客户的隐性需求，从开拓市场转向创造市场。

其次，重构服务产品。在过去，业内企业不断拓展服务环节，延伸服务链条，但总体来看多为线性串联，并非客户视角的一站式服务。我们需要以客户的结果满足感和过程体验感为根本导向，协同多专业环节、链接多类型资源，以数字化手段优化交互与体验，真正打造客户视角的集成服务，赋能价值需求场景。

第三，与客户共创。面对隐性需求开发，我们要从关注交易价值转向使用价值，客户的深度参与将是创新探索的巨大空间，需要与客户共同工作，由单边服务转向共创、共享。

3.3.2 持续建设商业生态组织

在"数字化、平台化、生态化"的商业逻辑演进过程中，业内企业组织创新的频度加快，客户导向型、学习型、自驱动型需求日益凸显。我们也关注到当前工程勘察设计企业的组织建设问题焦点不在组织架构，而在于组织运作逻辑的革新与升级，以此为切入点持续提升组织能力来支撑企业的自衍生性，将是打造可叠加竞争优势的关键抓手。

建设灵活前端。过去两级经营开发模式支撑了规模化市场开拓，而定制服务时代更关注需求场景的挖掘与转化，需要有更加敏捷灵活地协同需求洞察、解决方案策划、实施统筹等多功能团队的参与，提升价值创造的效率与效果。

打造专业中台。建设强有力的中台，沉淀、迭代和组件化输出服务于不同场景的通用能力，是深化赋能管理、推动去中心化、打造自驱动组织的重要基础。数字化时代，企业中台建设需要兼顾业务能力与数据资源，需要关注"专业化""与前端的充分协同""横向接口标准的统一"等方面的要求。

拓展丰富生态。"物联网之父"凯文·阿什顿认为："创造力并不罕见，它分布在所有人身上"。商业生态合作伙伴将是企业服务范围和能力拓展的重要支撑。新型商业生态中，业内企业需要打破组织边界，与新型商业生态中的利益相关者结成命运共同体，开放合作、双向赋能。但也需要关注到，差异化优势能力越突出，商业生态链接能力才越强，协同共赢效应也就越强。

3.3.3　持续建构创新协同文化

面对巨大的不确定性，创新型企业往往具有更大的成长空间与竞争力，在探索未来发展方向过程中，持续提升创新力是重要的努力方向之一。而企业创新绝非资金、设备、人才的堆积，而需要有利于创新的文化氛围。要让创新发生，必须鼓励打破现状，在不断打破和重构的过程中提升敏捷适应性；必须建立容错机制，容忍合理的创新失败；也需要树立创新的价值导向，创新成功与否取决于它能否赢得市场。

过去我们通过专业化机构设置激发活力、提高效率，当前需求转变对组织的集成性要求更高，工作和管理的本质变为"协同"，需要我们打破部门墙，建立共生关系。提升协同效果不仅需要树立全局意识，也需要关键资源与信息共享的支撑，需要协同工作技能，还需要建立市场化的协同利益分享机制。

IV

变革
转型行动力

∨

∨

行业发展的复杂多变，企业面临在探索转型
过程中的曲折纠结，对处于发展不稳定状态
中的迷惘，探索转型在继续，面对未来我们
需要再造发展新引擎，以变应变，方能创造
未来！

4.1
认知变革转型

转型升级是这几年来行业内热议的话题。面对转型升级，业内企业充满了诸多的困惑与纠结：到底该不该推动业务转型，什么时候推进？不转型如何实现业务增长，转型的风险如何把控？推进自身的变革转型到底是馅饼还是陷阱？

变革转型成为大家热议并倍感纠结的话题，与大家站在不同角度理解变革转型有一定关系。为了厘清这个命题，需要对设计单位变革转型的内涵进行进一步梳理：首先，变革转型不等于转行。有些人把变革转型理解成转行或"另起炉灶"，这是一种狭隘的认识。其次，变革转型不等于组织调整。有些人把组织调整等同于变革转型，这是对变革转型狭义的认识。最后，变革转型不等于业务延伸。有些人把业务范围的延伸与拓展当成变革转型，这是一种片面的认识。

变革转型是一种战略重塑、是业务逻辑的改变、是能力体系的跃升、是企业价值创造与实现模式的嬗变。同时，它也是企业价值实现规律的转变以及业务、组织、资源、能力系统性重构的过程。

目前，工程勘察设计行业面临的问题不仅是市场的周期调整，还包括对传统服务模式、价值创造模式的终结。业内企业必须从自身的调整与改革做起，才有可能满足市场的需要，从而不断建立起自己的核心竞争力体系。工程勘察设计企业在变革转型过程中，面临三大任务。

第一，基于新的商业生态的内在特点与要求，革新理念、创新思维，进行战略与愿景的重塑。整个新的商业生态呈现出由过去静态的、有边界

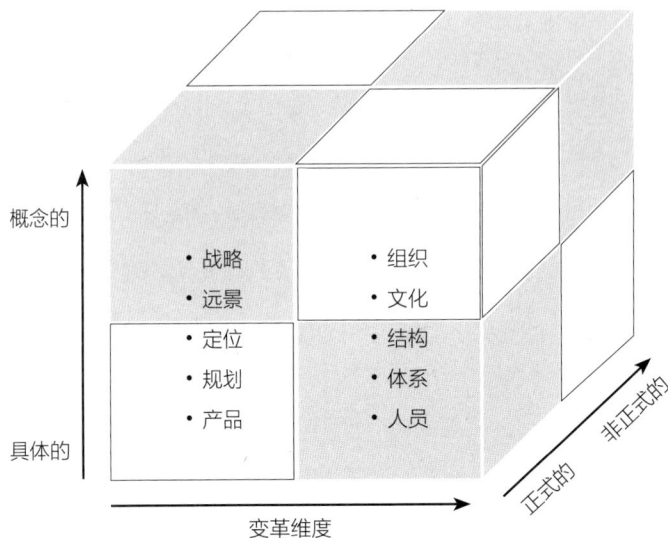

图4-1　天强变革方图

的单边市场向动态的、行业交融的多边市场转变，一系列的商业规则将被改写。工程勘察设计行业作为相对比较封闭的行业，必须超越原有的惯性思维，超越就行业论行业的思维定势，在新的商业生态中，重新思考与谋划自身的战略定位、重塑企业的愿景与使命追求。换个角度，基于工程勘察设计单位服务的本质，结合宏观环境的变化，工程勘察设计单位在战略重塑过程中，需要在产业化、互联网化、资本化3个维度来思考与定位自身的创新方向与层次。

第二，切实改变业务逻辑、重新审视与定义服务的价值。业务逻辑不改变，很多的调整会陷入"先有蛋还是先有鸡"的逻辑漩涡中，业务逻辑调整的核心是真正构建以客户为需求的业务模式，而不是以自身所理解的专业为出发点去提供服务。要从适应市场到引领市场，进而创造市场，努力超越传统甲乙方关系，构建伙伴关系，让服务价值可预期、可传递、可衡量。

第三，根据新的战略、愿景与业务模式定位进行资源与能力重构。任何一个战略转型调整，最终遇到的是内部资源的问题，其中最重要的是人力资源问题。内部人员对于新战略的共识、转型调整的理解，尤其是对于各自在新战略、新架构下的素质能力提升及路径问题要有整体清晰的认识。此外，为了新战略落地的相关资源配置与调整也是转型过程的重要命题。变革转型是否成功的核心标志是新业务、新结构、新资源体系、新能力体系是否匹配与协同。

"不转型等死，转型是找死"，从某种意义上说明了这种两难的抉择：面对外部宏观环境、政策环境、市场环境的改变，原有的业务模式、成功经验难以支撑工程勘察设计企业的持续发展，不转型则前景不妙；转型却会面临更多的不确定性，会遭遇一系列新的矛盾与压力，转型的风险客观存在。从这个角度看，转型到底是"馅饼还是陷阱"的命题不应包括要不要转的问题，而是怎么转的问题。

变革是一条并不好走、但不得不走的路。过去"以大为美"，追求规模与数量，但在未来速度与创新颠覆规模的时代，会有更多的挑战，也会有更多的可能性。"十四五"乃至更远期，变革转型的紧迫性更加突出，并且不仅要想到、说到，更要做到。面对外部市场形势的变化，推动业务创新和管理创新的大方向很多企业基本可以想得到，关键是看谁第一步做到，那就会在市场上奠定先发的优势。勘察设计企业将普遍迎来需要真正推动变革转型的时代！

对于变革也需要有一个清晰的认识，起初会很难，中间会乱，结果很美。普通人都害怕变化，但更可怕的是起初不够勇敢，中间不够努力！

4.2
变革转型工作逻辑

变革是以适应市场变化、取得成长和有效的业绩为目标，兼顾人与事的理性判断，基于对可能的障碍与阻力的清醒认识，可以策划形成完善的一系列计划与实施步骤，并策略地推动。因此，变革是可以策划、可以管理的。

勘察设计企业的变革管理需要建立以"业务、组织与能力"为核心的思维逻辑，涵盖变革理念、业务模式、运营模式、组织模式、配套机制、

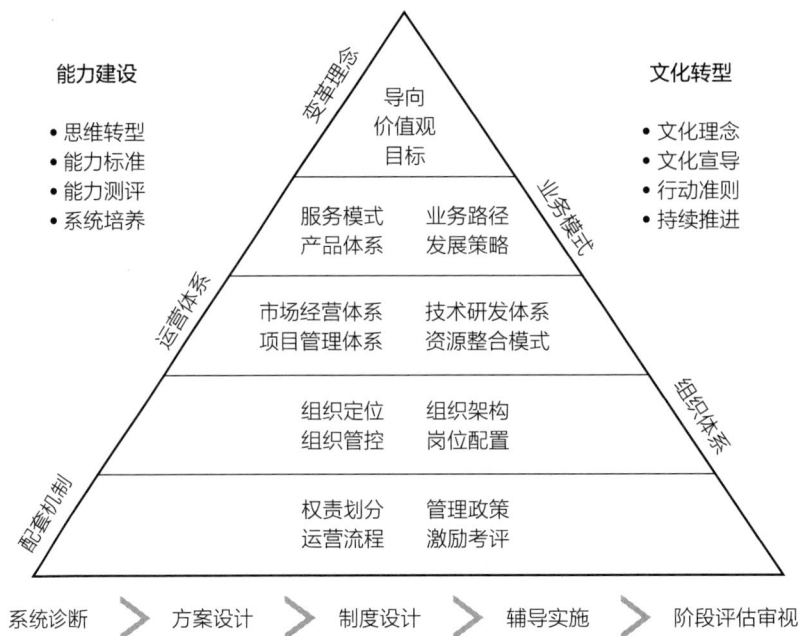

图4-2　工程勘察设计企业变革转型推进逻辑

能力培养六大方面的系统升级转型。以转型理念为指引，以业务模式升级为主线，以运营体系为核心，以组织体系为载体，以配套机制为抓手，以能力建设为支撑，以文化转型为保障。这其中既需要关注变革理念的内部充分共识，也需要关注企业对环境动态适应能力建设的系统方案设计，更需要关注对变革节奏的系统把握。

4.2.1　建立正确的变革理念

企业变革要以企业的战略愿景、组织的核心价值观、核心能力定位为力量指向。企业变革的目标与指导思想必须明确，这是变革的第一要务，"为变而变"往往会付出巨大的"制度摩擦成本"，却得不到相应的效果，这样的变革应该尽量避免。

变革要协调好变革成果和速度的关系。变革过程必须追求阶段变革的效果，效果是成果和速度的函数。过分追求阶段性成果而忽视改变的速度，会使企业变革失去意义；追求速度而忽视阶段性成果即"摘取最低的果实"，会使整个变革失败。例如，部分企业在推进内部流程再造的过程中，往往会陷入变革的速度与阶段性成果间的"两难"选择之中。

变革要关注与环境、发展阶段特性的适应性问题。就企业变革而言，外在有形制度的引进需要一个适应与学习的过程，亦即需要一个与内在制度或文化传统、习俗与意识形态上的接受与融合过程。与此同时，外在有形制度的变革亦可以要求重塑人们的认识模式而成为引导文化或内在制度传统变迁的重要力量。但必须注意的是，不是所有的制度都是可以被"复制"或"移植"的。因为组织传统、观念认识、思维习惯等隐形规则是人们在组织发展中自发形成而非人为设计与创造出来的，其本身具有自身存在与延续的环境与土壤。因此，有效推进组织变革必须关注与环境、发展阶段特性的适应性问题。必须具体地确定每种变革模式的运用所需的特定条件，这些条件在转轨时期能否得到，以及实现这些条件的最有效途径。

企业变革要保持新制度体系的开放性。在企业的正常运行过程中，在推行企业变革的过程中，原有的正式制度往往会演变并内化为非正式制度，因此企业变革面临的将是"新生"的制度与非正式制度以及内化了的"旧的"正式制度之间的冲突。又往往新的制度在设计的过程中有一个优化与完善的过程，从而导致新制度体系的负面影响在一定时间内会被放大。为此，保证企业变革过程中相关制度的开放性显得非常必要。例如，在很多企业的业务转型过程中，如果不考虑原有业务及相关人员的"适当"过渡，往往会导致企业资源的更大浪费。

4.2.2　创新发展思维

制约阻碍公司转型的内在障碍主要是思维方式与理念，拒绝改变、缺乏创新是转型中的普遍性现象。大多数工程设计企业需要从传统服务思维向创新服务思维转变，具体表现在从被动营销思维向主动引导营销思维转变、从客户思维向用户思维转变、从工程技术思维向客户价值思维转变、从点状服务思维向立体服务思维转变。

思维方式决定行为方式，建立全新的思维方式是一项长期的系统性工作，而思维的改变根源于对客户与市场的理解。过于粗放式的服务，满足于应付客户的表层需求，这是行业当前的现状写照。无论是私营业主或是政府，内在需求一定是多方面，需要从提供系统性的产品解决方案来满足需求，过于单一、传统、表层的服务是无法打动客户的。

4.2.3　以价值创造为核心

单纯意义上的转移、转性、转场、转行，虽然是转型发展的一部分，但都不是完整意义上的转型升级。真正的转型升级一定是立足于价值创造、价值创新的逻辑来思考问题的。未来发展面对投资模式、技术创新、互联网、人文变化、产业转型等外部环境改变，如何围绕客户以及用户在经营方式、资源整合、服务诉求、竞争要素、盈利模式等方面进行调整从而实现价值创造、价值创新的目的?

当前阶段的经济环境变化直接导致客户需求发生变化，对原有的业务体系与产品造成冲击。需要从依赖市场的直接需求转化到主动引导市场需求，并秉承为客户创造价值的理念来打造产品。

业务升级并非意味着颠覆传统和以往，需要从业务内涵、服务方式、价值理念等角度进行完善。聚焦产品同样需要聚焦客户需求，丰富服务的内容，提升服务的价值。未来在激烈的市场竞争中，产品理念清晰将意味着客户群体明确、服务方式明确、盈利方式明确，具有独特的流程及业务组合方式，不能被简单地模仿复制，也意味着独特的竞争力。

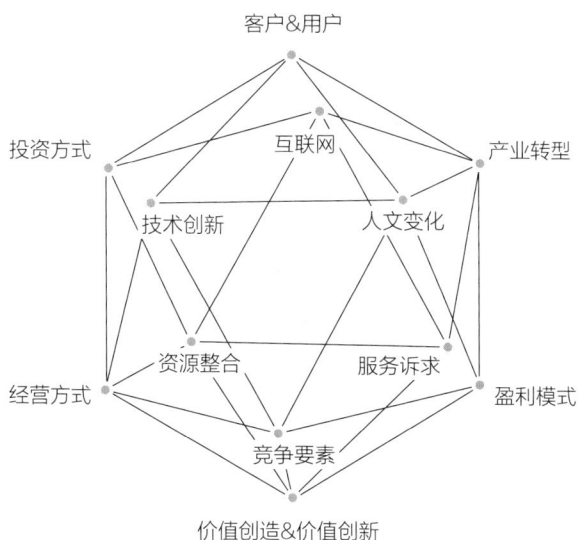

图4-3　工程勘察设计企业推进业务升级的钻石模型

互联网引发的不仅是商业模式的创新和技术的创新，同样也是对企业组织运作模式和流程造成冲击。金字塔式的组织模式因为层级过长，对市场反应太慢，无法激发组织中的创新因子而逐渐被摒弃。矩阵式、网络式、自组织、去中心化逐渐被更多的企业所接受和改变。相较于传统的组织方式，扁平化的组织能够有效地让组织各层面接触到客户，从项目的各个环节分析客户需求，关键是扁平化的组织让更多的生产单位有意识进行价值创造行动。

无论是哪种组织模式，改变原有行为习惯，围绕客户价值创造、简化流程是关键。组织模式的改变意味着上下级关系、权责范围、业务流程、客户界面的转变，互联网时代的企业需要培育组织变革的内在动力，并将其转变为组织能力。因为利益格局的改变，组织模式的改变将在企业内部形成冲突和挑战，这也是企业转型必须面对的内容。

已经有部分的工程设计企业开始在内部打造"创新云平台"，推动组织与业务转型。企业将员工全部上线，将工作流全部数据化，建立起自己的"私有云"。此时，基于"云平台"，企业内更多的员工成为事业合伙人积极进行客户需求探索和新业务创新，在企业内部进行自由组合并建立价值交换关系，使组织的形态足够灵活。

4.3

推进设计企业变革转型路径

有效推进变革转型，必须在变革的节奏及核心关键环节方面有系统的策划与把握。变革转型是一个复杂的系统工程，面临着诸多的风险。其中，新老业务之间的关系把握问题、人才结构的调整问题是导致风险的重要环节。为此，需要有效地筹划变革的节奏，既要保证变革转型核心方向不偏离、核心关键点不走样，同时也要充分考虑到一个组织体系、群体心智模式的固有惯性。变革转型过程中的领导力、推动力必须能够有效地集聚与强化。

4.3.1 遵循变革转型四阶段

企业的变革转型不是一蹴而就的工作，需要经历有效的筹划、长期的推进以及持续的反馈审视。新常态下的设计企业变革转型，绝对不是简单的调整组织机构，需要历经"规划变革、管理变革、促成和实施组织和运营转型、建立高层领导和承诺"等阶段。

规划变革阶段：是指策划项目先期所必须完成的各项变革规划，涉及利益关系人分析、目标模式的确定、变革结构及管理方式、变革影响的初步识别及变革方案的顶层设计。

管理变革阶段：包括有效管理变革所需完成的任务及交付成果，需要确保发起方、变革推动者、利益关系人参与变革过程，对即将发生的变革做好准备；启动变革团队、利益关系人参与和沟通评估变革进度、评估业务变革准备程度、变革后期支持。

促成和实施组织和运营转型阶段：此阶段包括协调组织架构和运营流程、了解组织的现有能力、发展并支持组织在目标模式所需具备的新能力；设计组织架构、岗位及团队、评估员工能力、调整绩效目标和员工激励、调配人才、设计并实施培训和支持。

建立高层领导和承诺：此部分包括确定达成变革所要具备的行为模式及准备、支持和辅导领导者有效地领导变革；寻求领导对变革的支持、帮助领导做好和利益关系人的沟通准备等。

图4-4 推进工程勘察设计企业变革转型的4个阶段

4.3.2 系统构建转型变革领导力

面对复杂多变的环境，企业领导者要有直面"混乱"的勇气、处理"混乱"的能力、超越"混乱"的智慧。也就是说，企业生存与发展的环境要求企业领导者必须具备管理变革的意识与能力。即使企业运作处于高峰状态，企业领导者也应主动思考决胜于未来的竞争力，并不断进行调整、改善，这是企业能够持续从一个成功走向另一个成功的关键点。

首先，企业领导者要有主动适应并欢迎变化的观念。对于企业发展来说，动荡、变化、模棱两可是正常的，动荡可以给企业和个人以机会和动力。复杂的宏观经济环境客观上会给企业的发展带来新的不确定性因素，竞争的加剧会给企业经营带来新的风险，业务转型会带来内部人员的不稳定，产权制度改革会带来人员心态的烦乱。

其次，要有确立愿景和打破组织平衡的能力。要富有远见，能够理解和把握企业未来的能力，并把这种理解形成企业的愿景。在此基础上，把企业的愿景变成员工理解并接受的方向与目标。作为企业领导者来说，如果看不见前进的方向，企业便无法拥有未来。

推进变革转型要求企业领导者有打破组织内部平衡的勇气和能力，从而适应外部环境的变化。以内部组织管理为例，组织内部需要不断地打破平衡，企业家不能默认没有能力的人在岗位上，不能默认思想老朽的管理者在关键岗位上消磨时间，不能放任服务水平下降而寻找借口，决不能追求"一团和气"。

第三，要不断创新思维方式，提高决策质量。毋庸置疑，企业领导者的思维与企业发展间的关系是非常紧密的。美国著名心理学家威廉·詹姆斯说过："我们这一代伟大的革命，在于发现经由改变我们内在的态度，可以改变我们的生命外在；经由提高我们的思维质量，从而提高我们的行为水平和生活质量。"对于企业家而言，提高思维质量，不仅于自身有关，更与所在企业的命运休戚相关。

企业家在思维质量提升的过程中必定是非常痛苦的，也是需要勇气的。因为这其中要求我们的企业家必须放弃过去的一些习惯思维，甚至是过去带来巨大成功的一些东西，同时要勤于学习、善于学习。

推进变革需要企业领导者始终如一的动力，因为有些变革举措一旦实施就会陷入停滞，随着新奇感的消失，人们的精力和热情也会消退。为对抗这种趋势，企业家必须时刻为变革举措注入新的活力。

第四，企业领导者要具备全局思维，激发员工在变革中的工作热情。在推进变革过程中，企业领导者应促使员工的行为与企业目标、组织系统、企业文化的要求有效结合，激发员工潜能、使员工在组织系统中发挥能动作用、实现企业的战略目标的能力，要以员工为核心，有效促进管理者与员工、组织系统与员工、战略目标系统与员工、文化氛围与员工之间的互动。

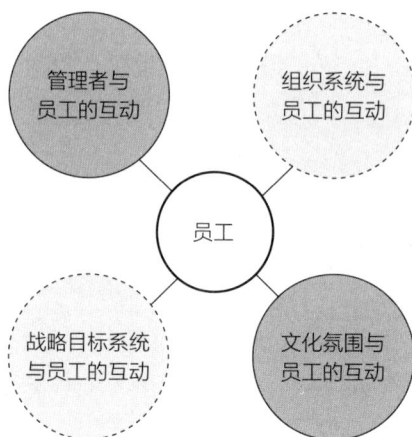

图4-5　激发员工的变革热情

领导者要具备建立愿景目标、创新盈利模式、沟通目标、组建团队、教练辅导、发展团队和激励员工行动的能力。通过建立适应新的价值链、业务模式的流程与责任体系、薪酬和考核激励体系、能力标准体系和培训辅导体系，确保员工行为与企业目标动态协同，建立最适合企业并被员工接受的组织系统。

建立动态衔接、快速调整的目标体系和管理系统，确保战略目标落实为员工的任务，确保目标体系与员工行为形成良好互动，确保获得员工对目标任务的承诺和执行。运用价值观、文化理念、文化氛围影响、激励、管理员工，运用文化系统发掘员工潜能，提升员工的内驱力，提升员工行为协同性。

4.3.3　重视变革转型的心态管理

所谓变革心态管理，是指通过有效的变革策略，引导大多数员工理解变革、接受变革、适应变革、促进变革。可以通过以下几个方面开展。

1. 识别利益关系人：识别利益关系人，理解利益关系人对变革的态度，通过一系列措施使利益关系人的态度向积极的方向转变，以确保项目的成功；

2. 建立变革网络：网络相关群体，通过自己的行动和对同事的影响，消除不确定性和解决变革相关的问题，促进企业的变革；

3. 持续培训：帮助不同群体深度认知变革的内涵，并不断掌握变革后所需的知识技能；

4. 有效沟通：使变革对象正确理解变革，并且实现变革进程的即时双向信息反馈；

5. 变革接受度衡量：变革进度评估的结果源于问卷调查和访谈变革利益关系这两个主要的信息渠道。分析结果为利益关系人管理以及为培训和沟通计划提供输入，以确定采取适当的变革推进及应对措施。

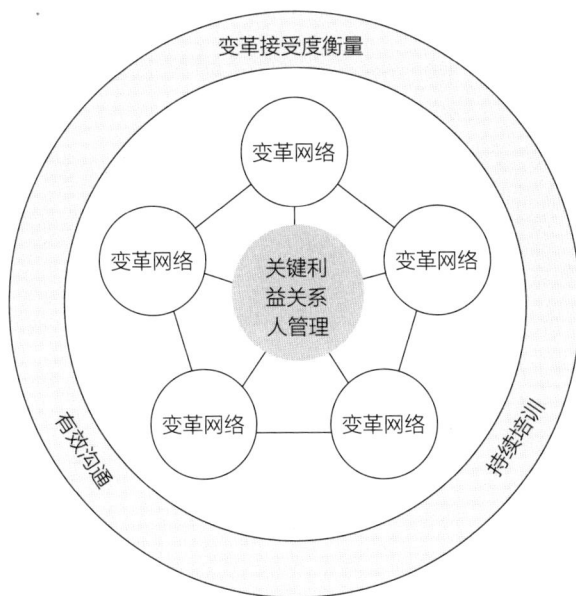

图4-6 变革心态管理示意图

在推进变革转型的过程中，针对高层、中层、基层等不同群体，通过大量的研讨会、宣贯会、座谈会、回头看等实行变革心态管理，以期达到组织变革的目标。

图4-7　不同群体在变革过程中工作重点

案例

北方某设计院的组织变革推进路径

北方某大型设计院近年来的发展呈现以下几方面的瓶颈：

1. 传统建筑设计业务量下滑：合同额收入规模暂未有明显下滑，但内部不同业务单位之间出现明显分化；

2. 客户满意度每况愈下：项目完成度降低，服务水平下降，客户投诉量上升；

3. 内部组织运作效率降低：内部出现隐性竞争，专业配合不到位；

4. 骨干人才成长出现"天花板"：骨干员工流失，新员工成长缓慢。

通过诊断分析发现，核心问题在于目前的"若干土建所+若干机电所+若干专项所"的组织模式逐步形成了组织利益导向、组织壁垒、组织资源分散，这种模式造成项目责任主体缺失、任务导向、完成度低，最终无法推进整合集成服务，不能满足客户需求，难以支撑集成化业务的转型升级。同时也造成企业文化呈现本位主义，缺乏团队精神，骨干人员的发展通道单一、呈现能力提升瓶颈，造成一定的人才流失。

经过研讨策划，提出了组织变革的总体框架："以客户价值为中心、以员工发展为根本"作为组织变革的指导思想，以集成服务模式升级为主线，以组织模式调整为基础，以运营模式创新为抓手，以制度体系建设为重点，以品牌文化塑造为支撑，以人才能力提升为保障。

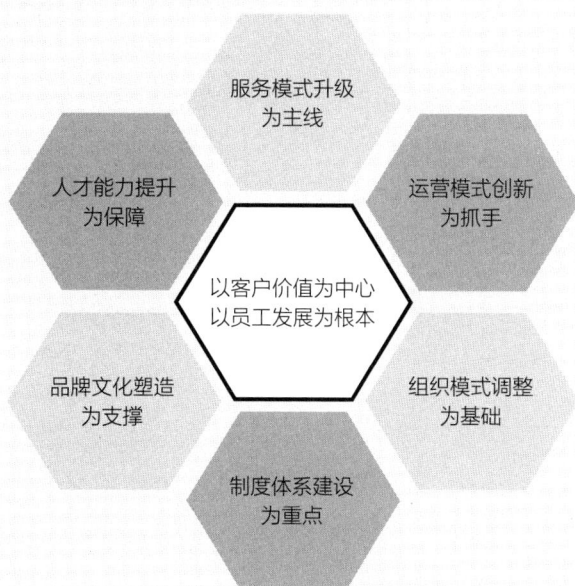

图4-8 某设计院组织变革推进路径示意图

　　具体而言，提出"以超越客户预期目标为追求，为客户提供面向建筑全生命周期的整合集成服务"的服务模式；将"土建+机电所"经营承包模式转变为"业务+产品"分院模式，建立新的研究所架构，并且构建起院级总承包业务平台。由原有的院、所两级经营转变为全员协同经营，由所长经营生产负责制转变为项目总监经营生产负责制，并建立全员科研的学习型组织，构建集成服务的资源整合平台。制度体系重点创新经营管理、项目管理、技术质量管理、科研管理机制，制定骨干人员的激励约束机制，构建起新的管控程序与协调机制。在此过程中着重开展骨干群体核心能力的培训，进一步优化建立起潜力人才发展的通道。并强化建立新的企业文化导向以及重塑新的对外品牌形象。

　　经过为期近一年的组织变革，该设计院逐步改变了原有组织体系的不良惯性，激发了骨干群体的动力，总承包等新兴业务得到了显著提升，有效抵御了市场下行带来的压力。

　　行业环境远比想象中复杂，存在太多不确定性，但同时也孕育着空间和机会。设计企业需要主动应对变化，展现战略韧劲和韧性，既不能漠视变化，也不能贩卖焦虑。闯过去，下一步就是美好的明天。企业应积极拥抱未来，强化转型的行动力，正确地认知变革转型的内涵，树立变革思维，重新定义管理逻辑，统一发展价值理念，创造新未来。

4.4

案例：天强管理顾问的变革转型之路

新的商业生态呈现出由过去静态的、有边界的、单边市场向动态的、行业交融的多边市场转变，一系列的商业规则将被改写，需要企业基于新的商业生态的内在特点与要求，革新理念，创新思维，进行战略与愿景的重塑。

当今的商业生态环境下，智力服务型企业的变革转型势在必行。在此，以天强管理顾问（后简称"天强"）为案例探讨企业变革转型的逻辑与框架。

4.4.1 业务服务体系转型

业务转型是企业转型的先导，作为智力服务型机构要真正构建以客户为需求的业务模式，而不是以自身理解的专业为出发点去提供服务，要从适应市场到引领市场，进而创造市场，努力超越传统甲乙方关系，构建伙伴关系，让服务价值可预期、可传递、可衡量。对天强而言，业务服务体系的变革转型是其20年发展的主线，可以大致分为3个阶段。

第一，专注专业阶段（1999~2004年）：天强公司从刚起步，对管理咨询懵懵懂懂，到逐步在国企改革改制领域形成了自己的业务体系、知识体系、服务体系。凭借项目咨询实践的总结，提出了很多国企改革的先进理念，包括员工持股的股权管理问题，科研类机构改革过程中的管理、技术要素参与分配问题，国企的公司治理问题等，并通过各种座谈会、研讨会、推广会等塑造了国有企业改制领域的品牌优势。

第二，专注行业阶段（2005~2013年）：天强在专注国企改制的同时，开始聚焦设计行业，逐步与千余家的工程勘察设计企业建立了业务合作关系，举办行业发展论坛，受国家住房和城乡建设部委托开展工程设计行业课题研究，开始为行业内客户提供包括并购重组、培训等非管理咨询业务，逐步树立起在工程勘察设计行业的专业服务品牌。

第三，平台化发展阶段（2014年至今）：在"产城融合"的新型城镇化发展背景下，天强从2014年开始探索平台化转型战略，开始立足城市、产业、人的三大视角，凭借丰富的行业资源和服务优势，与业内诸多企业集合各自资源优势，在技术、产业、区域等资源开发方面探索业务创新和新价值创造。代表性案例包括：与深圳建筑科学研究院合作参与包括上海钢琴厂老厂房设计改造、成立绿色建筑技术研究院在内的诸多创新探索；与武汉工程设计产业联盟深度合作，提供包括产业联盟的策划与建设发展、"综合设计模式"的研究咨询、武汉设计之都促进中心的发起与运作产业资源整合、武汉市支持工程设计产业发展的相关研究及政策咨询等服务，成为推动武汉设计产业发展的重要力量。天强也通过此案例的标杆影响，相继与天津、成都等地方合作开展设计产业策划和服务等。

4.4.2 组织与运营体系变革

业务转型最终遇到的是内部资源问题，为了新战略落地的组织运营体系变革是转型过程的重要命题。无论是哪种组织模式，改变原有行为习惯，围绕客户价值创造、简化流程是关键，组织模式的改变意味着上下级关系、权责范围、业务流程、客户界面的转变，核心是培育组织变革的内在动力，并将其转变为组织能力。

天强的每一次战略转型，都会对原有的组织运营体系进行变革，并在组织演变的过程中不断进行迭代升级，总结天强组织运营体系的演变大致分为以下4个阶段。

第一，项目式的组织阶段：创业初期到专注改制专业阶段，天强的整体规模比较小，项目数量也不多，整个公司基本围绕项目开展运作，这种组织方式能够有力地保障项目的全过程执行效果，也促进了客户满意度的提升。

第二，矩阵式的组织阶段：进入到专注勘察设计行业阶段，随着业务规模和项目数量的逐步增多，为了促进内部的专业协作与资源整合，天强开始逐步构建以矩阵化为特征的"前中后台"的组织体系。"前台"主要负责市场开拓；"中台"定位于人力资源池，主要负责项目执行与交付；"后台"定位于专业研究、知识积累和专业支持。这种"项目+前中后台"的组织模式既促进了天强对行业的深度研究和对勘察设计企业共性问题的挖掘，同时又能够针对客户提供个性化的解决方案。

第三，网络化、团组化的组织阶段：随着工程设计产业的创新发展，客户需求越来越多元化，员工成长越来越自主化，天强意识到原有的矩阵化组织难以适应战略转型的需要，开始构建以赋能为核心的"业务线+团组"的组织体系，"业务线"对业务策划、专业建设、品牌推广进行整体统筹；"团组"则定位于赋能共担、协作共生、专业职业的专业化团队，承担项目交付、人员成长、专业建设等职责。这种模式很好地促进了员工的可持续成长，也有力地支撑了公司新阶段战略目标的加速实现。

第四，生态化的组织阶段：随着平台化、行业生态化战略的深入，天强公司正在逐步构筑商业生态化的组织体系，打通内外的组织边界，将内部的组织资源与工程设计产业的众多优势资源进行整合，与各类人才资源展开多元化合作，促进公司内外部资源的共融共生，真正实现公司的商业生态化发展。

4.4.3 员工能力转型

战略转型和组织变革的本质是人的转型，而员工面对组织转型一般会经过四个阶段。第一阶段是员工是否意识到变化，如果员工都没有意识到变革，肯定没有意愿参与变革；第二阶段是员工是否认同变革，转型对员工能力提出了新要求，而学习的焦虑会让员工对变革产生否定；第三阶段是员工是否具备了变革要求的新能力；第四阶段是员工是否开始推动变革。

员工在面对和经历企业转型变革的过程是有规律可循的，找到规律并遵循规律就更容易推动变革。所以公司的领导者在组织转型过程中对于员工在新战略、新架构下的素质能力提升及路径问题，要有清晰的认识，并且需要采取对应的措施推动员工意识的转变和能力的提升。

天强在历次组织变革转型的过程中面对的最大难题就是如何针对组织要求，快速地促进员工意识转变与能力升级。比如在矩阵化组织阶段，需要骨干员工重点提升的是项目管理能力；在团组化组织阶段，需要骨干员工重点提升的是团队管理能力；在未来的生态化组织阶段，需要骨干员工提升的则是资源整合能力。

4.4.4 企业文化塑造

战略转型和组织变革的最终结果是实现企业文化的转型，在组织变革过程中要始终关注企业文化的重塑，塑造优秀的企业文化应该从"软件"与"硬件"两个方面同时入手，有机地进行结合。

所谓的"硬件"主要指新的制度体系建设。

所谓的"软件"主要指新价值观的软性传导。组织传统、观念认识、思维习惯等隐形规则是员工在企业发展中自发形成而非人为设计与创造出来的，其本身具有存在与延续的环境与土壤。这就要求新价值观的塑造既要旗帜鲜明，又要潜移默化。

以天强为例，公司创立之初确定的企业使命"致力于中国企业的变革与转型"和企业愿景"成为广受尊重的专业服务机构"一直延续至今，早已成为驱动天强持续变革的精神动力，在这样的愿景使命驱动下，天强的价值观随着战略转型不断地创新升级。组织发展的第一阶段天强所倡导的价值观是"胜则举杯相庆，败则拼死相救"，实际上体现的是一种项目文化；第二阶段倡导的价值观转变为"专业、职业"，以此促进员工提升专业化能力和职业化形象，更好地为客户创造可感知价值；2016年为适应平台化战略的要求，天强将价值观升级为"价值共创、纳新求变、成人达己、伙伴共生"，努力适应平台化以及未来商业生态化战略发展的需求，真正将组织战略、员工行为、企业文化进行深度糅合。

4.4.5　构建变革领导力

组织的变革转型是一个复杂的系统工程，面临着诸多风险，需要有效地筹划变革的节奏，既要保证变革转型核心方向不偏离、核心关键点不走样，同时也要充分考虑到一个组织体系、群体心智模式的固有惯性。在变革转型的过程中，企业领导者要有直面"混乱"的勇气、处理"混乱"的能力、超越"混乱"的智慧，变革领导力构建至关重要。

在天强的变革转型历程中，非常关注变革领导力的打造，主要体现在几个方面。

保持始终如一的动力：坚定发展的价值观和发展理念，天强的变革推进是基于共同的价值观和理念下，不断反省、审视、调整企业发展的路径。所以天强的变革是基于长期发展价值理念下驱动结果。

构建全局思维：变革不但是领导者个人的事情，而是需要整个企业共同努力，天强基于平台化发展转型理念，持续在内部进行宣传贯彻，并在内部推进网络化组织变革，促进内部协同效应的发挥，加强推进企业文化建设，在内部形成文化共识，组织工作规范、标准优化，确保变革行动统一。

发挥教练作用：领导者通过建立适应新的价值链、业务模式的流程与责任体系、薪酬和考核激励体系、能力标准体系和培训辅导体系，确保员工行为与企业目标动态协同，建立最适合企业并被员工接受的组织系统。

关注心态管理：在推进变革转型的过程中，针对不同群体，通过组织大量的研讨会、宣贯会、座谈会等，引导大多数员工理解变革、接受变革、适应变革、促进变革，以期达到组织变革的目标。

天强管理顾问与工程勘察设计的 20 年

第一阶段：1999~2004年
工程勘察设计行业进入市场化全面改革推进阶段

1999年12月18日，国务院办公厅以国办发〔1999〕101号文转发了建设部、国家计委、国家经贸委、财政部、劳动保障部和中编办《关于工程勘察设计单位体制改革的若干意见》。明确全面推进勘察设计单位的改革，建立符合社会主义市场经济要求的勘察设计咨询业管理体制和运行机制。要求勘察设计单位由现行的事业科技型企业，参照国际通行的工程公司、工程咨询设计公司、设计事务所、岩土工程公司等模式进行改造，并分别对国有大型勘察设计单位、中小型勘察设计单位的体制改革提出了具体的指导意见。101号文的发布，标志着行业进入了全面改革发展的阶段。

在建设部积极推动下，全国各地主管部门根据本地特点，积极制定操作性强的深化改革指导意见和配套政策，从面上推动了中小型勘察设计单位的政企建制，进展非常快。截至2004年12月，建设部统计显示22个省级行政区国有勘察设计单位完成改制占57.6%，其中国有资本完全退出的企业占57%。

这一期间，工程勘察设计市场的"双准入"制度成形。1999年1月，注册建筑师、结构师与企业资质挂钩；在2001年1月，注册建筑、结构、岩土与企业资质标准挂钩；2004年7月，《行政许可法》施行，对企业依法进行市场准入管理。

天强立足于行业体制改革的业务起步

随着体制改革的推进，行业发展进入市场化阶段，工程勘察设计企业探索建立现代化企业管理制度，关注企业的产权制度变革以及企业管理制度的建立。在这一阶段，天强立足于体制改革服务于业内单位，例如为原上海现代建筑设计集团（现更名为华东建筑集团）下属的申都监理公司策划改制，为民营化改制后的苏交科集团股份有限公司提供薪酬考核方面咨询，为中冶集团武汉钢铁设计院（现更名为中冶南方）提供改制咨询。立足于产权制度改革为业内企业服务，初步形成了天强为工程勘察设计行业提供改制服务的产品体系。

第二阶段：2005～2009年
工程勘察设计行业进入创新发展阶段

2006年中国设计市场全面对外开放，中外合资的勘察设计机构、外资独资的工程公司或咨询公司也逐步进入。整个行业的所有制结构、组织模式、管理方式呈现出多元化的格局。

同时，随着改革的进一步深入，企业在创新发展方面也做了诸多探索和尝试。工程建设模式也更加多样化，改革阶段不断推进业务模式的创新发展，大力推进项目代建制、项目管理、工程总承包等业务。2005年7月，建设部等六部委在《关于加快建筑业改革与发展的若干意见》中明确指出："大型设计、施工企业要通过兼并重组等多种形式，拓展企业功能，完善项目管理体制，发展成为具有设计、采购、施工管理、试车考核等工程建设全过程服务能力的综合型工程公司。"这一时期，行业开始与资本市场对接，工程公司开启上市，例如中国海诚工程科技股份有限公司在2007年登陆资本市场。

天强建立了服务于工程勘察设计企业的管理咨询业务品牌形象

这一时期工程勘察设计企业进入规模化扩张阶段，业务更加多元化，这一时期的企业更多的是关注服务领域、市场领域的扩张，在经历了市场化发展阶段之后理顺相关发展体系，做大做强。

天强在这一时期围绕工程勘察设计企业内部管理提供咨询服务，这一时期，工程勘察设计企业关注的要点在于调整组织模式，以支撑业务快速增长的需要、人员的有效激励、产值分配考核的设置等。天强通过为行业内企业推进体制改革业务，逐渐专注于服务工程勘察设计企业内部的管理咨询业务。

第三阶段：2010~2014年
工程勘察设计行业重新审视行业价值

改革的全面推进，伴随着国家经济建设的发展，行业也呈现出规模化、高速增长的发展状态。2008年9月，国际金融危机全面爆发，我国政府于2008年11月推出了进一步扩大内需、促进经济平稳较快增长的十大措施。实施该措施导致固定资产投资快速增长，到2010年底约投资了4万亿元，也进一步推动了行业的快速增长。该时期，行业年均复合增长率达到了34%，整个行业营收从1999年的361亿元增长到2011年的12915亿元，进入了万亿时代。

但这一阶段行业的发展呈现出冰火两重天的趋势，历经4万亿的投资刺激下，行业发展经历高速增长时代，带来了行业的规模化发展，同时也带来了"供过于求"的局面，行业的发展开始趋于理性，随着国家在供给侧结构性改革的要求下，去产能任务推进，行业陷入了新一轮竞争周期。2013年11月9~12日，中国共产党第十八届中央委员会第三次全体会议在北京召开，并于12日会议全体通过了《中共中央关于全面深化改革若干重大问题的决定》，主要从经济、政治、文化、社会、生态文明、国防和军队6个方面，具体部署了全面深化改革的主要任务和重大举措。

天强管理顾问转型初探

这一时期行业发展呈现较为明显的波动状态，历经4万亿投资刺激，掩盖了行业发展诸多问题。随着大潮退去，企业发展的问题显现。企业关注的问题也从过去的关注如何适应快速增长的管理需求到重新审视设计的价值增长与实现。

这一阶段天强管理顾问成立工程咨询设计行业研究中心，立足于与行业内企业构建伙伴关系，同思共进，构建了针对工程勘察设计行业研究的知识体系、研究方法论、数据信息库。

初步形成"1+2+3+N"的思翔系列交流活动体系，为国内外行业企业思想交流、资源对接、探讨合作搭建重要平台。

逐渐形成了以"国企改革"与"工程勘察设计行业变革"为核心的两大服务品牌，并在此基础上确定了四大业务体系。

第四阶段：2015～2019年
工程勘察设计行业进入全面转型探索阶段

随着改革的推进，工程勘察设计行业经历了改革观望期，同时尤其是在互联网信息时代下，大数据的兴起、平台化战略的推进、信息技术的迅猛发展，商业环境发生了剧烈的变化，行业在复杂、多变的发展环境下受到了较大的冲击和影响。行业内企业也不断进行了创新探索，寻求新一轮的发展机遇。行业的改革也在加速推进中。

市场监管方面，随着国家持续转变政府职能，行业主管部门对跨省承揽业务的监管理念也在改变，由"重审批，轻监管"转变为"淡化前置管理，重视事中和事后监管"。市场准入的"双轨制"也在向淡化企业资质，强化个人资质方面改革。

2017年2月21日，国务院办公厅发布《关于促进建筑业持续健康发展的意见》（国办发〔2017〕19号）。重点强调建筑业推进以下改革措施：完善招标投标制度；加快推行工程总承包；建立统一开放市场；加强承包履约管理；规范工程价款结算；推进BIM的集成应用等。旨在打破区域市场壁垒，构建统一开放市场，打破"招投标一刀切"，倡导EPC模式和全过程一体化工程咨询，加速产业现代化，推动建筑企业"走出去"并逐步进入项目融资、设计咨询与运营维护等高附加值领域，真正实现"中国建造"。

受外部商业环境的变化、市场监管制度的调整、投融资体制机制改革、信息技术的高速发展、体制机制改革的推进、工程建设组织模式创新要求的影响。工程勘察设计行业在体制创新、组织创新、业务创新等方面迈入了新的变革转型阶段。

天强迈入平台化转型期

这一时期，随着商业生态环境的巨变，信息技术的快速增长带来的新需求，工程勘察设计企业在商业模式创新方面探索加快，带来了资源整合的要求。服务于客户需要，在这一阶段天强加快了转型升级步伐，立足于成为平台性专业服务机构，以平台创造构建行业新的商业生态链、价值链，聚合凝集行业力量，整合创造价值。

搭建工程建设与设计行业发展智库，构建行业发展知识库，发布前瞻理念、趋势报告，搭建业界沟通交流平台，协同研究，共同创造、分享、传递价值。

打造工程建设与设计行业社群，以"思翔公社"为重要载体，构建线上、线下多层次交流活动，促进社员企业的思翔交流与资源对接，促进社员企业与产业相关机构的对接交流，深化业务与项目合作，打造发展共同体。

应对新市场、新机会，与行业内企业共同探索服务创新，与客户企业孵化新产品和商业模式，为企业探索新的商业模式提供产业资源对接。与深圳市建筑科学研究院股份有限公司合作绿色产业园区运营，与武汉市工程设计产业联盟携手推广综合设计商业模式。

构建行业多边市场，面向设计企业整合资源，搭建全商业生态的沟通对接渠道，促进行业内外的资源交易以及企业之间相互交易，嫁接市场与资源，以平台创造构建行业新的商业生态链、价值链，整合价值，以平台创建共赢共生未来。

后记

新 生 态 · 新 生 长

2020 年，天强管理顾问已经走过了二十余载，天强的二十余年，恰逢整个社会经济生活各方面发生翻天覆地变化的重要时期，天强是观察者，也是一系列变化的见证者、亲历者！企业管理提升、发展模式创新、国资国企改革、设计行业发展、设计企业转型、平台化思维、垂直化发展等，这一系列的词汇对于我们而言，都是那么亲切、那么富有温度，为了思考与探究这些命题，我们搭建工程勘察设计行业对接交流平台，促进业内企业管理升级与创新转型。

展望未来，我们又处在一个极其多变、极其复杂、极其模糊的社会经济技术环境之中，新模式、新业态、新经济、新动能交互影响、耦合叠加。面对新变化、新挑战，行业边界、行业生态关系都正在发生着深刻变革，变革"时间窗口"以前所未有的速度缩短。在产业互联网时代加速演进、新商业生态中的产业平台价值日益凸显，应对不确定性的企业变革进入冲刺式马拉松长跑以及多样性价值需求持续涌现的现状，对于行业和企业提出了新的挑战。

天强管理顾问努力打造面向工程设计行业的研究能力，自 2000 年成立工程设计行业研究中心开始，就持续地进行设计行业研究、设计产业研究。本书中关于设计行业的很多数据都来自于天强设计行业研究中心的研究成果。

天强管理顾问致力于推动我国勘察设计企业的变革与提升，重点推动企业的整合、集约、创新能力，推动适应于智力密集型企业管理内在规律的探索。本书中所引用的所有案例均来自于天强管理顾问在推动企业转型发展中的咨询成果。

感谢我的同事、天强管理顾问的陈淑英女士，她参与了本书的策划与编辑工作，并协助我收集整理了行业发展相关数据与案例！同时感谢我的同事、天强管理顾问的李涛先生、赵月松先生，他们参与了部分案例整理工作。还要感谢其他以各种方式为本书作出贡献的同事。

最后感激我们的客户！感谢我们的合作伙伴！感恩所有关心天强的朋友！感念这个富有生机与活力的时代！

天强管理顾问总经理

祝波善